FACULTÉ DE DROIT DE PARIS.

THÈSE

POUR

LE DOCTORAT

SOUTENUE

Par Gabriel SOULAGES,

AVOCAT.

PARIS,

CHARLES DE MOURGUES FRÈRES, SUCCESSEURS DE VINCHON,

Imprimeurs-Éditeurs de la Faculté de Droit de Paris,

RUE JEAN-JACQUES-ROUSSEAU, 8.

1861.

FACULTÉ DE DROIT DE PARIS.

THÈSE

POUR LE DOCTORAT.

DROIT ROMAIN :
DE FUNDO DOTALI.

DROIT FRANÇAIS :
DE L'IMPRESCRIPTIBILITÉ DU FONDS DOTAL.

L'acte public sera soutenu le jeudi 1er août 1861,
à onze heures et demie,

Par GABRIEL SOULAGES,
AVOCAT A LA COUR IMPÉRIALE.

Président, M. OUDOT, Professeur.

Suffragants :
MM. PELLAT,	
ORTOLAN,	Professeurs.
DE VALROGER,	
GIDE,	Agrégé.

Le Candidat répondra, en outre, aux questions qui lui seront faites sur les autres matières de l'enseignement.

PARIS,

CHARLES DE MOURGUES FRÈRES, SUCCESSEURS DE VINCHON,
IMPRIMEURS-ÉDITEURS DE LA FACULTÉ DE DROIT DE PARIS,
Rue J.-J. Rousseau, 8.

1861.

A MON PÈRE.

—

A MA MÈRE.

DROIT ROMAIN.

DE L'INALIÉNABILITÉ

ET

DE L'IMPRESCRIPTIBILITÉ DU FONDS DOTAL.

(*De fundo dotali*, Dig. 23, 5 ; C. 5, 23.)

La dot est une valeur que la femme, ou toute autre personne pour elle, donne ou promet au mari afin de l'aider à soutenir les charges du mariage.

Dans l'ancien droit romain et jusqu'aux premiers temps de l'empire, la femme passait ordinairement *in manum mariti*. Ce changement de puissance produisait, quant aux biens de la femme, un effet analogue à celui de l'adrogation sur les biens de l'adrogé. Tous les biens de la femme tombaient dans le patrimoine du mari. « Quum mulier viri in manum convenit, omnia quæ mulieris fuerunt viri fiunt, dotis nomine, » dit Cicéron (*Topiques*, c. 4). Tous les biens de la femme étaient donc dotaux.

L'affaiblissement du vieil esprit romain amena la décadence du système de la *manus*. La femme resta désormais *sui juris*, ou sous la puissance de son ascendant paternel. Devenus indépendants, les deux époux durent contribuer également aux charges du mariage. D'un autre côté, l'autorité légitime du mari dans la famille amena une combinaison très-naturelle : la femme, ou quelque autre personne en son nom, transmettait au mari une certaine valeur, qui devait être restituée à la dissolution du mariage. C'est là la dot proprement dite, celle dont s'occupent les jurisconsultes du Digeste, et à laquelle notre titre applique la loi Julia.

La constitution de la dot peut avoir lieu soit avant, soit après le mariage contracté. Elle peut consister soit dans une aliénation, soit dans une obligation contractée envers le mari, soit dans une libération. Ulpien nous indique les modes ordinaires dans lesquels elle était faite : « Dos aut datur, aut dicitur, aut promittitur (Fr. 6, § 1). *Dos datur*, quand le mari acquiert *dotis causa*, de la femme ou de toute autre personne, la propriété ou l'usufruit d'une chose mobilière ou immobilière. *Dos dicitur*, lorsque, par un contrat spécial appelé *dictio*, le mari obtient de la femme, ou de son ascendant paternel, ou de son débiteur, soit un droit de créance, soit l'extinction d'une dette dont il était tenu. Enfin *dos promittitur*, lorsque le mari stipule *dotis causa* un certain avantage de la femme ou de toute autre personne. La dot peut encore être constituée par acceptilation ou par legs.

Lorsque le mariage est dissous, la dot doit être restituée à la femme, qui a pour la réclamer une action personnelle, l'action *rei uxoriæ* ou l'action *ex stipulatu*, selon que la restitution a fait ou non l'objet d'une convention spéciale entre les époux. Du reste, la restitution n'aura pas toujours lieu. Sous ce rapport, il faut faire plusieurs distinctions. On appelle *dot profectice* celle qui émane du père ou de l'ascendant paternel de la femme. Si la femme meurt *in matrimonio*, le restituant réclamera la dot par l'action *rei uxoriæ*. La dot constituée par la femme, ou par une autre que son père ou son ascendant paternel, est appelée *adventice*. Elle reste au mari, si la femme meurt *in matrimonio*; si, au contraire, le mariage est dissous par la mort du mari ou par le divorce, la femme a l'action *rei uxoriæ* pour la réclamer, et cette action passera à ses héritiers, pourvu qu'elle soit morte après avoir mis le mari en demeure de restituer. — La femme peut d'ailleurs stipuler de son mari la restitution de la dot; cette stipulation aura cet effet, de donner dans tous les cas l'action *ex stipulatu* aux héritiers de la femme. Si c'était le tiers constituant qui eût stipulé le retour à son profit, la dot serait dite *réceptice*, et le tiers la recouvrera par l'action *ex stipulatu*.

La restitution peut avoir lieu, même avant la dissolution du mariage, dans des cas strictement déterminés, par exemple, parce que le mari est insolvable, ou bien pour que la femme paye ses dettes, etc. (loi 73, § 1, *De jure dotium*; loi 20, *Solut. matr.*). La loi 15, *De fundo dotali*, porte une espèce dans laquelle un cas de restitution anticipée est compliqué par les principes de la dot adventice. Une femme invoque un motif de restitution anticipée valable; le mari lui écrit qu'il consent à ce que le fonds apporté en dot ne soit plus dotal. Cependant, il le garde en sa possession, sans qu'il ait été convenu qu'il posséderait désormais pour la femme. Celle-ci prédécède; ses héritiers ne pourront pas réclamer le fonds, car le pacte qu'ont fait les époux n'ayant pas été exécuté n'a engendré aucune action.

Un principe fondamental dans l'organisation du régime dotal romain, c'est que la propriété des choses dotales est au mari. Ce principe a effrayé beaucoup d'interprètes, qui ont préféré imaginer des contradictions entre les décisions des jurisconsultes, plutôt que d'admettre la propriété du mari. Cependant, cette propriété ressort avec évidence de la théorie de la dot en droit romain.

Sans doute, a priori, la destination de la dot n'entraîne pas nécessairement l'aliénation au profit du mari. Cependant, on conçoit facilement comment les Romains y sont arrivés. D'abord, dans la *manus* la propriété du mari ne pouvait pas faire de doute, et c'était une habitude qui devait naturellement influer sur l'institution de la dot proprement dite. D'un autre côté, le penchant des Romains pour les formes solennelles de la *mancipatio* ou de la *cessio in jure* explique qu'on les ait employées dans la constitution de dot, et, par suite, qu'elles aient produit avec la tradition leur effet ordinaire, c'est-à-dire la translation de propriété.

On prétend dans le système contraire que si certains jurisconsultes ont admis la propriété du mari, c'est par un motif erroné. En effet, la tradition, nécessaire pour transférer la propriété en droit romain, n'opère cette translation que si elle est faite en vertu d'une cause perpétuelle, comme la vente, et non point temporaire, comme le louage. Or, on ne peut considérer la constitution de dot comme une cause perpétuelle, quoi qu'en dise Paul dans la loi 1re, *De jure dotium*. Mais les Romains ne l'ont point entendu ainsi. La dot est une cause perpétuelle, dit Paul, parce que cette perpétuité est dans le vœu du constituant; on peut ajouter qu'en fait la propriété restera souvent au mari à perpétuité, puisqu'il n'est qu'éventuellement tenu à la restitution. Il n'y a donc rien qui s'oppose à ce que le mari devienne propriétaire, des choses portées en dot. Seulement, il sera à la fois propriétaire et débiteur éventuel de ces choses.

Si maintenant nous examinons les modes de constitution indiqués par Ulpien, nous voyons que la propriété du mari en découle naturellement.

Pour la *datio* cela est évident, et le nom même l'indique. Si le constituant est propriétaire, il transfère directement la propriété au mari; s'il ne l'est pas, le mari usucapera *pro dote*. Si on a employé la *promissio* ou la *dictio*, ou bien le constituant paye l'objet qu'il a promis au mari, et celui-ci en devient propriétaire ou l'usucape *pro soluto*; ou bien l'objet de la *dictio* est *quod maritus debebat*, et le mari en reste propriétaire s'il l'est déjà, ou il le devient par l'usucapion.

Les choses dotales peuvent donc être la propriété du mari. Les textes mettent d'ailleurs cette propriété hors de doute.

Ainsi Gaïus, ii, 62 et 63, en indiquant la prohibition de la loi Julia comme une exception au droit commun qui permet au propriétaire de disposer de sa chose d'une manière absolue, montre bien par là que le mari est propriétaire.

De même la loi 3, C., *De jure dotium*, permet au mari

d'affranchir les esclaves dotaux *vindicta*. Or, un simple mandataire ne peut pas employer ce mode d'affranchissement (loi 3, C., *De vindict. lib.*).

De même, la loi 49, *De furtis*, 47, 2, supposant qu'on a volé un objet dotal, refuse l'action *furti* à la femme, quoiqu'elle soit intéressée à ce que le vol n'ait pas lieu. La raison en est qu'elle n'est pas propriétaire, car le propriétaire a nécessairement l'action *furti*, s'il souffre du vol (Gaïus, III, 203).

De même, si une femme a soustrait une chose dotale à son mari, celui-ci a pour la recouvrer non-seulement l'action *rerum amotarum*, mais encore la revendication, *si exstat res* (loi 24, *De act. rer. amot.* 25, 2); ce qui prouve bien que la femme n'est pas propriétaire (Cf. loi 9, C., *De rei vind.*, 3, 32).

Cependant on insiste, et on prétend que tout au moins le droit prétorien reconnaissait à la femme ce domaine naturel dont parlera Justinien, et qu'il lui donnait une revendication utile. Nous verrons en effet (*infra*, § 5) qu'à la dissolution du mariage le préteur permet à la femme d'exercer la revendication du fonds dotal aliéné par le mari; mais c'est en vertu d'une cession d'action présumée faite par le mari, et non en vertu d'un droit de propriété quelconque de la femme. Hors ce cas, la femme n'a pas de revendication : « Dubium non est... dotalem ancillam vindicari ab uxore nequivisse, » dit la loi 9, C., *De rei vind.*, 3, 32. Il s'agit là d'une revendication intentée durant le mariage. Mais, même après la dissolution du mariage, la femme n'a pas de revendication pour réclamer au mari les objets dotaux. La loi 55, *De donat. inter vir. et ux.*, qu'on invoque dans l'opinion contraire, ne dit pas ce qu'on lui fait dire. Une femme donne de l'argent à son mari ; celui-ci s'en sert pour acheter des objets qui existent encore après sa mort, en état de déconfiture. La femme, qui veut révoquer la donation, a la *condictio* pour réclamer les objets ; de plus, *nihil prohibet etiam in rem utilem mulieri in ipsas res actionem accommodare. A fortiori,* dit-on, doit-elle avoir l'action réelle pour recouvrer sa dot. Mais c'est là mal raisonner. La *rei uxoriæ actio* étant privilégiée *inter personales actiones* suffisait à la femme à une époque où le revendiquant n'est pas, en général, certain de recouvrer sa chose en nature. Au contraire, dans l'espèce de la loi 55, si on réduisait la femme à la *condictio* non privilégiée, on la ferait concourir avec tous les autres créanciers du mari, et ainsi elle serait en perte. Pour empêcher ce résultat, on lui donne la revendication, avec d'autant plus de raison qu'on peut considérer les objets acquis par le mari comme subrogés réellement à l'argent que lui avait donné la femme.

En définitive, il faut reconnaître que pour les jurisconsultes classiques le mari est seul propriétaire des choses dotales. La loi Julia est venue porter à ce droit une certaine restriction, dont l'étude fait l'objet de ce travail.

§ 1er. *Généralités sur la loi Julia.*

I. La loi Julia fait partie d'un système de lois par lesquelles Auguste essaya de réprimer la corruption des mœurs, et de favoriser l'accroissement de la population. Notre loi est la loi Julia *De adulteriis,* de l'an 737 après la fondation de Rome (Paul, *Sent.* ii, 21 B, § 2). Il peut paraître étrange que la même loi traite à la fois de l'adultère de la femme et de l'inaliénabilité du fonds dotal. Cependant on peut comprendre cette association. La loi veut exciter au mariage une société corrompue. Pour cela, d'une part elle montre au mari les peines portées contre l'adultère de la femme ; d'autre part, elle encourage la femme en rendant ses immeubles dotaux indisponibles sans son consentement. Hugo a proposé une autre explication. Le mari qui veut exercer l'*accusatio adulterii* doit d'abord divorcer et restituer la dot (loi 11, § 10, *ad leg. Jul. de adult.*) ; c'est donc assurer son action que de l'empêcher d'aliéner le fonds dotal. En effet, s'il l'a aliéné, et que la restitution ne puisse avoir lieu, parce qu'il a dissipé le prix de l'aliénation, il ne pourra agir en adultère. Cette explication est insuffisante, car la femme pouvant, d'après la loi Julia, autoriser l'aliénation du fonds dotal, il dépendrait d'elle d'anéantir la garantie que la loi a voulu assurer au mari contre l'adultère. Nous verrons d'ailleurs que l'inaliénabilité survit quelquefois à la mort ou à la captivité du mari (loi 1, § 1, loi 2, *De fundo dot.*) ; ce qui prouve bien qu'elle n'est pas liée à l'action d'adultère.

Remarquons en passant que lorsque les jurisconsultes disent : *Interest reipublicæ mulieres dotes salvas habere propter quas nubere possint* (loi 2, *De jure dot.*), ce n'est pas à la loi Julia qu'ils pensent, mais au *privilegium inter personales actiones*, attaché à l'action *rei uxoriæ*.

II. La restriction de la loi Julia ne porte que sur le fonds dotal, *fundus dotalis, prædium dotale.* Elle ne touche en aucune façon à la propriété des meubles dotaux, qui restent entièrement disponibles entre les mains du mari. Cela résulte d'une façon très-remarquable de certains textes qui prévoient l'affranchissement des esclaves dotaux fait par le mari avec ou sans le concours de la femme. Dans tous les cas, l'affranchissement est valable (loi 21, *De manum.*, 40, 1), sauf l'application de la loi Ælia Sentia. Le mari solvable peut affranchir l'esclave dotal ; s'il est insolvable, ou sur le point de le devenir par le fait de l'affranchissement, et si de plus il a conscience du tort qu'il va causer à ses créanciers, l'affranchissement sera annulé d'après la loi Ælia Sentia, quand même le mari ne serait tenu actuellement d'aucune autre dette que de la restitution éventuelle de la dot. En effet, aussitôt que le mari devient insolvable, la dot devient immédiatement exigible, *etiamsi matrimonium necdum solutum sit* (loi 24, pr., *Solut. matr.,* loi 7, C., *De serv. pign. dat.*). Du reste, si l'esclave dotal est engagé ou hypothéqué à la femme, le mari ne peut l'affranchir au préjudice de ce droit de gage ou d'hypothèque (loi 1, C., *De serv. pign. dat. man.,* 7, 8; cf. loi 1, C., *De remiss. pign.*). C'est l'application du droit commun (lois 4 et 27, § 1, *Qui et a quibus,* 40, 9).

De même le mari a la disposition des créances (*nomina*) qui se trouvent dans la dot ; il peut les éteindre par novation ou par acceptilation, sans le concours de la femme (loi 35 et 49, *De jure dot.* ; loi 66, § 6, *Solut. matr.*). Il faut toutefois faire une distinction raisonnable. Lorsqu'une créance dotale a pour objet un immeuble, l'acceptilation du mari est une véritable *alienatio prædii*, au sens de la loi Julia; en effet, c'est comme si le mari ayant reçu le fonds du débiteur le lui rendait immédiatement à titre de donation (V. loi 49, *De jure dot.*, et loi 66, *De verb. oblig.*).

Lorsque la dot consiste en un immeuble apporté avec estimation, sans autre clause spéciale, la loi Julia n'est pas applicable; car véritablement ce n'est pas l'immeuble qui est dotal, mais le montant de l'estimation. *Æstimatio venditio est*, dit Ulpien (loi 10, § 4 et 5, *De jure dot*). La dot est donc mobilière, et par conséquent aliénable à la volonté du mari (loi 5, C., *De jure dot.*). Si l'estimation a été faite avec des réserves, l'immeuble sera au contraire dotal; l'estimation n'aura alors d'autre but que d'augmenter la responsabilité du mari. Elle fera que si l'immeuble périt en tout ou en partie par la faute du mari, la femme aura droit à l'estimation en proportion de la perte. Les interprètes disent qu'alors elle est faite *taxationis causa.*

III. Quant au fonds dotal lui-même, la restriction de la disponibilité n'est pas venue diviser la propriété du mari, et en donner une part quelconque à la femme. Tous les textes de notre titre le prouvent d'une façon péremptoire. D'abord, la défense d'aliéner s'adresse au mari, non à la femme; c'est donc que l'un est propriétaire et que l'autre ne l'est pas. De plus, c'est le mari qui doit la *cautio damni infecti* (loi 1, pr., *De fundo dot.*), et, s'il refuse, le voisin *jussus possidere* acquiert par l'usucapion la propriété entière; le mari était donc propriétaire, car le voisin est mis dans la position où était celui qui a refusé la caution (loi 15, § 26, *De damno inf.*) De même, si la femme restait propriétaire, les servitudes existant au profit du fonds dotal sur un fonds du mari persisteraient malgré la constitution de dot. Au contraire, la loi 7, *De fundo dotali*, dit formellement qu'elles s'éteignent par confusion, évidemment parce que *nemini res sua servit;* s'il restait à la femme un droit quelconque dans la propriété du fonds, la confusion serait impossible, car *servitus per partes retinetur* (loi 8, § 1, *De servitut.*, 8, 1; loi 30, § 1, *De servit. præd. urb.*, 8, 2). Enfin, après comme avant la loi Julia, la mancipation ou la *cessio in jure,* ou même l'usucapion *pro dote,* doivent nécessairement opérer le transport de la propriété en la personne du mari, et cette propriété est exclusive, conformément à tous les principes (loi 5, § 15, *Commodati*, 13, 6 ; cf. loi 23, C., *De jure dot.*, 5, 12).

Cependant nous trouvons dans les textes des expressions qui semblent se rapporter à la propriété de la femme. Mais il faut les entendre *in facto potius quam in jure.* Ainsi, quand la loi 75, *De jure dot.*, dit : *Quamvis in bonis mariti dos sit, tamen mulieris est,* cela signifie que la femme a un grand intérêt à être dotée. Pendant le mariage, la dot servira à son entretien et aux charges du ménage ; à la dissolution, elle lui sera restituée, et lui facilitera un nouvel établissement. La loi 75 applique cette idée à une espèce. Une femme achète un immeuble et exige du vendeur la *cautio duplæ;* puis elle se constitue l'immeuble en dot. Le mari est évincé. On suppose que l'immeuble n'a pas été estimé, et que la constitution ne s'est pas faite par *dictio* ou par *promissio* ; alors le mari n'a aucun recours à exercer contre la femme. On peut donc refuser à celle-ci le droit d'exercer l'action *ex stipu-*

lutu duplæ jusqu'à la dissolution du mariage, parce que, tant qu'elle n'a pas droit à la restitution de la dot, elle ne souffre pas de l'éviction. Mais, dit le texte, *hujus (mulieris), etiam constante matrimonio, quamvis apud maritum dominium sit, emolumenti potestatem esse creditur.* Même pendant le mariage, la femme souffre de l'éviction, parce que les revenus du fonds ne serviront plus à l'entretien du ménage. Cela suffit pour qu'on lui permette d'agir immédiatement (*statim*) en garantie, quoique la propriété soit au mari. Pour le même motif, on est allé jusqu'à accorder l'action en garantie au beau-père qui a constitué la dot (loi 71, *De evict.*, 21, 2).

Nous trouvons aussi dans les textes ces mots : *dos ipsius filiæ patrimonium est* (loi 43, § 1, *De administr. et peric. tut.*, 26, 7; loi 3, § 5, *De minoribus;* loi 71, § 3, *De condict. et demonstr.*). Mais ce n'est pas dit pour opposer à la propriété du mari une propriété de la femme; c'est seulement pour donner à la femme ou contre elle des actions qui ne sont motivées que par l'avantage résultant de l'existence d'une dot, ou bien pour exprimer que la dot, une fois constituée par un père à sa fille, ne peut plus lui être enlevée.

C'est encore par l'avantage résultant de la dot qu'on explique les décisions des lois 15, § 3, *Qui satisdare coguntur*, 2, 8; et 21, § 4, *Ad municipalem*, 50, 1. La *cautio judicio sisti*, garantie par des fidéjusseurs, est exigée de toute personne qui, actionnée en justice, ne peut comparaître immédiatement. On en dispense seulement les *possessores rerum immobilium*, parce que la possession d'un immeuble est considérée comme une garantie suffisante, et on se contente de leur *nuda repromissio*. Ainsi le mari et la femme sont dispensés des fidéjusseurs *prop-ter possessionem dotalis fundi;* mais ce n'est pas à cause de la propriété de la femme qu'elle est dispensée, car celui qui possède *vectigalem, id est emphyteuticum agrum,* est aussi dispensé, et cependant il est certain que ce n'est point un propriétaire (loi 1, § 1, *Si ager vectigalis,* 6, 3). La raison de cette dispense, c'est que la femme, comme le *conductor agri vectigalis,* retire du fonds les mêmes avantages que si elle était propriétaire, et cela suffit pour assurer le demandeur qu'elle comparaîtra. De même, pour l'évaluation des charges municipales proportionnées à la fortune de chacun, on ne comptera pas les biens dotaux dans le patrimoine du mari, tout simplement parce que leurs revenus ont un emploi déterminé, et surtout parce que le mari peut avoir à restituer la dot d'un moment à l'autre.

Cf. loi 7, § 12, *Soluto matr.,* et loi 81, § 1, *Ad leg. Falcid.*

Ainsi la loi Julia n'a donné à la femme qu'une garantie contre le pouvoir d'aliéner du mari ; la créance en restitution de la dot n'a pas été transformée en un droit de propriété. Il serait intéressant d'examiner si cette créance est laissée à la libre disposition de la femme ; mais cela ne rentre pas dans le cadre de cette thèse. Il nous suffira de dire que la femme peut, *durante matrimonio,* céder à un tiers sa créance dotale soit à titre onéreux, soit à titre gratuit ; elle peut même en faire remise à son mari, pourvu que cette remise ne constitue pas une donation prohibée. Remarquons seulement que le *privilegium inter perso-nales actiones* ne passe pas au tiers cessionnaire de la créance dotale, pas plus qu'il ne passe à l'héritier de la femme ; c'est un de ces droits *quæ personæ sunt*, *non causæ*.

Quant aux sûretés de la restitution, la femme ne peut renoncer, pendant le mariage, au *privilegium*, parce qu'il lui est accordé par la loi dans un intérêt public. Elle peut y renoncer à la dissolution du mariage, en faisant novation avec le mari ou avec un tiers. Au contraire, elle peut toujours renoncer aux sûretés conventionnelles (hypothèques ou fidéjusseurs) fournies par le mari.

§ 2. — *A quelles personnes s'applique la prohibition de la loi Julia.*

La prohibition de la loi Julia s'applique à toute personne qui a reçu un fonds *dotis causa*, et à ses ayants cause à titre universel.

I. En principe, il n'y a pas de dot sans un mariage valable (loi 3, *De jure dot.*). Par conséquent, si un mariage projeté manque, ou si un mariage contracté est annulé, la femme ne pourra pas réclamer ce qu'elle a remis au mari *dotis nomine*, par l'action *rei uxoriæ ;* elle n'aura qu'une *condictio ob rem dati*, *re non secuta*, ou *sine causa*. Rigoureusement, elle n'aurait qu'une créance purement chirographaire ; mais les jurisconsultes ont attaché le *privilegium inter personales actiones* à cette *condictio* aussi bien qu'à l'action *rei uxoriæ*. En effet, il y a même raison : *interest reipublicæ mulierem solidum consequi, ut... nubere possit* (loi 17, § 1; lois 18 et 19, *De reb. auct. jud. poss.*, 42, 5; loi 74, *De jure dotium*).

Un travail d'extension analogue s'est opéré dans notre matière. La loi Julia ne parlait que du mari, parce qu'en général il n'y a de fonds dotal que là ou il y a un mariage, et par conséquent un mari. Mais il était raisonnable d'étendre la prohibition à tous les cas où l'action en restitution de la femme est privilégiée. Ainsi, un immeuble est remis *dotis nomine* par la femme à son fiancé, puis le mariage ne se fait pas ; l'aliénation faite par le fiancé sans le consentement de sa fiancée est nulle (loi 4, *De fundo dotali* ; loi 5, C., *De bonis quæ liberis*, 6, 61). De même, si un mariage contracté est ensuite déclaré nul, il faut encore appliquer la loi Julia ; par exemple, la femme qui a épousé un esclave, le croyant libre, pourra faire tomber l'aliénation faite par l'esclave ou par son maître ; de même lorsque le mariage est annulé pour défaut d'âge, etc.

Ces dernières hypothèses seront peu fréquentes. En voici d'autres qui se présenteront plus souvent et où la décision sera la même, avec d'autant plus de raison que l'action de la femme est ici la *rei uxoriæ actio*.

Ainsi, lorsque le mariage est dissous par le divorce, la femme pourra attaquer l'aliénation faite par son mari dans l'intervalle entre la constitution de dot et le mariage (loi 4, *De fundo dot.*).

A plus forte raison faut-il décider que le mari divorcé, resté propriétaire du fonds dotal, demeure incapable de l'aliéner. C'est ce qu'exprime la loi 12, pr., *De fundo dot.* : *Etiam dirupto matrimonio dotale prædium esse intelligitur.* Même après le divorce, le fonds reste dotal, pourvu, bien entendu, que la femme ait encore le droit d'en demander la restitution.

II. Lorsque le fonds dotal est transmis avec tous les autres biens du mari pris en masse à un successeur à titre universel, il passe à celui-ci *cum suo jure, ut alienari non possit* (loi 1, § 1, *De fundo dot.*). Notre titre nous fournit trois explications de ce principe.

1° *Hereditas.* Le mari meurt; sa succession comprend nécessairement le fonds dotal, qui va passer à l'héritier légitime ou testamentaire, en conservant son caractère d'inaliénabilité (loi 1, § 1, *De fundo dot.*). — Cela s'applique même au fisc venant à une succession à la place des héritiers indignes ou incapables.

2° *Maxima capitis deminutio.* Le mari devient esclave; le *dominus* acquiert immédiatement tous les biens du *capite minutus*, comme ferait un héritier; par suite il devient propriétaire du fonds dotal. Ici encore l'inaliénabilité persiste (loi 2, pr., *De fundo dot.*).

3° *Publicatio.* Le mari est condamné à une peine entraînant la *maxima* ou la *media capitis deminutio.* Dans les deux cas, ces biens sont confisqués et avec eux le fonds dotal. L'inaliénabilité persiste, *quamvis fiscus semper idoneus successor sit et solvendo* (loi 2, § 1, *De fundo dot.*). Le motif de l'inaliénabilité dans l'hypothèse, c'est qu'il sera très-avantageux à la femme de recevoir le fonds plutôt qu'une somme d'argent. En effet, quand elle se remariera, selon le vœu du législateur romain, il vaudra bien mieux pour elle se constituer en dot un immeuble, qui deviendra inaliénable, qu'une somme d'argent, dont le mari acquerrait tout de suite la libre disposition.

On peut trouver d'autres hypothèses où l'inaliénabilité du fonds dotal survit à une transmission *per universitatem.* Par exemple, le mari se donne en adrogation; le fonds dotal passe à l'adrogeant avec tous les autres biens de l'adrogé (Gaïus III, 83); il reste inaliénable entre les mains de l'adrogeant. — De même, si le mari contracte une société *totorum bonorum*, à l'instant même tous les biens des associés sont confondus dans une seule masse : *quæ coeuntium sunt communicantur* (loi 1, § 1, loi 2, *Pro socio,* 17, 2); par conséquent le fonds dotal lui-même entre dans l'indivision, mais en restant inaliénable (V. loi 65, § 16, et loi 66, *Pro socio*).

Nous citerons enfin la *venditio bonorum.* Le mari étant insolvable, ses créanciers, après avoir obtenu l'envoi en possession, font adjuger en bloc son patrimoine au plus offrant enchérisseur. Les biens dotaux sont nécessairement compris dans la vente; seulement la déconfiture du mari est assimilée à la dissolution du mariage quant à la restitution de la dot, et la femme peut immédiatement agir par l'action *rei uxoriæ* avec son privilége. Il s'ensuit qu'on n'a pas à parler ici d'inaliénabilité. En effet, la femme ayant obtenu le montant de sa créance, ou un dividende, le fonds passe entièrement libre entre les mains de l'adjudicataire. La raison, c'est que l'inaliénabilité n'est qu'un moyen d'assurer le payement de l'*obligatio dotalis* (loi 3, § 1, De *fundo dot.*), et que, dans notre hypothèse, cette *obligatio* n'existe plus. Nous verrons que les choses se passent autrement sous Justinien, la femme pouvant revendiquer les objets apportés en dot à l'encontre des créanciers du mari (loi 30, C., De *jure dot.*).

Lorsque le mari est fils de famille, il acquiert le fonds dotal pour son père. Ici encore, c'est entre les mains d'une personne autre que le mari que la disponibilité du fonds sera restreinte. — De même, si le mari fils de famille est adopté par un tiers, la propriété des objets dotaux passera du père naturel au père adoptif, et la loi Julia devra être étendue à celui-ci.

En résumé, toutes les fois que la femme a le droit de demander la restitution du fonds dotal, elle peut invoquer la loi Julia; celui qui est tenu de la restitution ne peut disposer du fonds sans son consentement.

§ 3. — *A quels immeubles s'applique la loi Julia.*

Dans notre paragraphe 1er nous avons recherché, d'une manière générale, à quels biens s'applique la loi Julia, et nous avons vu que c'est seulement aux immeubles dotaux non estimés. La loi Julia disait probablement *prædium dotale;* cela semble résulter de la loi 13, pr., *De fundo dotali* (Cf. Gaïus, II, 63; loi 4, *De fundo dot.;* Paul, *Sent.* II, 21 B., § 2).

I. Cette expression embrasse tout ce qui est immeuble. Cependant, nous trouvons tout d'abord une classe entière d'immeubles mis en dehors de la loi Julia. Ce sont les *prædia tributaria vel stipendiaria,* c'est-à-dire les fonds provinciaux n'ayant pas reçu le *jus italicum.* C'est la jurisprudence et non la loi Julia elle-même qui a établi cette exclusion bizarre et nuisible aux intérêts de la femme (Gaïus, II, 63). Il est probable que les jurisconsultes sont partis de cette idée, que la loi Julia, défendant l'aliénation du fonds dotal, suppose par là même que le mari en est ou en peut devenir propriétaire. Or on ne peut être propriétaire d'un fonds provincial; le propriétaire c'est le peuple ou l'empereur : les particuliers n'ont sur ces fonds qu'une sorte d'usufruit (Gaïus, II, 7).

Les fonds provinciaux mis à part, la disposition de la loi Julia comprend les immeubles urbains comme les immeubles ruraux (loi 13, pr., *De fundo dot.;* cf. loi 211, *De verb. sign.*).

Elle comprend aussi les droits de superficie ou d'emphytéose sur un fonds. Ces droits, garantis par le préteur, sont en effet appelés *prædia* par les textes, et on leur applique l'*oratio Severi* quant aux biens des mineurs (loi 3, § 4, *De reb. cor.* 27, 9; loi 13, C., *De præd. et al. reb. min.* 5, 71; loi 39, § 2, *De damno inf.;* loi 15, § 1, *Qui satisdare cog.*).

La dot peut consister dans l'usufruit d'un immeuble. Les lois 66 et 78, *De jure dot.,* prévoient les divers cas dans lesquels une pareille constitution peut être faite. La loi Julia s'y applique-t-elle? La loi 78, § 2, qui admet l'extinction *non utendo* de l'usufruit constitué en dot, permet de soutenir que l'extinction directe elle-même par *in jure cessio* n'est pas défendue au mari. La fragilité essentielle des servitudes personnelles suffit pour justifier ce résultat. En effet, la défense d'aliéner aurait rarement produit son effet, le mari pouvant perdre involontairement l'usufruit dans une foule de circonstances. Remarquons cependant que l'extinction par la *cessio in jure* est nulle, lorsqu'elle doit constituer une donation prohibée au profit de la femme; mais cela ne tient pas à la loi Julia.

Si, par impossible, l'objet de la dot était une servitude prédiale constituée sur un fonds de la femme au profit du fonds voisin appartenant au mari, il faut dire à plus forte raison que la loi Julia ne s'y applique pas; en effet, on n'a jamais appelé une servitude *prædium.*

De même, l'hypothèque garantissant une créance que la femme apporte en dot est aliénable au gré du mari comme la créance elle-même, dont elle est l'accessoire. *A fortiori*, le mari peut, pour se faire payer, saisir l'immeuble et le vendre sans le consentement de la femme (V. loi 5, § 3, *De reb. cor.*). Seulement, si le mari obtenait de l'empereur de garder l'immeuble *jure dominii* par une sorte de dation en payement, ce serait une acquisition *propter rem dotalem*, qui serait elle-même dotale d'après un principe que nous développerons bientôt (loi 3, pr., *De fundo dot.*).

Une servitude considérée isolément n'est pas un *prædium*. Au contraire, considérée comme accessoire d'un fonds dotal, elle devient une qualité de ce fonds (loi 86, *De verb. sign.*), et, si on l'aliène, on aliène pour partie la propriété du fonds lui-même. Il faut donc lui appliquer la loi Julia. Le mari ne pourra l'éteindre ni par non usage, ni par *in jure cessio* (lois 5, 6 et 7, *De fundo dot.*). Mais la perte par confusion reste possible parce qu'on la considère comme une aliénation nécessaire (loi 1, *De fundo dotali*). La confusion aura lieu, soit que la servitude dont jouit le fonds dotal grève un fonds du mari, soit qu'elle grève un fonds que le mari achète pendant le mariage. Seulement, la femme aura droit au rétablissement de la servitude quand elle recouvrera le fonds dotal (loi 7, pr., et § 1).

La dot peut consister en une portion indivise dans la propriété d'un immeuble. La loi 16, C., *De jure dot.*, le dit formellement. La femme héritière *ab intestat* de son père, en concours avec son frère, peut *ante divisionem, pro indiviso portionem fundi communis in dotem dare*. La loi 18, § 1, *De fundo dotali*, suppose aussi que la femme s'est constitué en dot sa part de propriété dans un immeuble indivis entre elle et son mari. C'est bien là un *prædium* soumis à la loi Julia : *prædii appellatione etiam pars continetur*, dit la loi 13, § 1, *De fundo dot.* Il ne peut s'agir dans ce texte d'une part divise, car celle-ci *non est pars fundi, sed fundus* (loi 6, § 1, *Commun. præd.*, 8, 4; loi 25, § 1, *De verb. sign.*).

La loi Julia s'applique à l'immeuble dotal sans distinguer si le mari a sur lui le *dominium ex jure Quiritium*, ou s'il l'a seulement *in bonis*. La loi 13, § 2, *De fundo dotali*, qui dit : « Dotale prædium sic accipimus, *quum dominium marito quæsitum est*, ut tunc demum alienatio prohibeatur, » ne contredit pas cette proposition. En effet, ce texte exprime que pour que le fonds dotal soit inaliénable, il faut que le mari ait sur lui un droit de propriété (*dominium*), ce qui est tout naturel. Que cette propriété soit du droit civil ou du droit des gens, peu importe ; le mot *dominium* désigne aussi bien l'une que l'autre (Gaïus, II, 40 ; loi 15, § 16, *De damno inf.*, 39, 2). Nous avons du reste des preuves directes de l'application de la loi Julia à l'immeuble qui n'est que *in bonis mariti*. (V. loi 5, *Solut. matr.*) A la dissolution du mariage, le mari qui a perçu les fruits de la dernière année ne peut en garder qu'une portion correspondant au temps qu'a duré la dotalité pendant cette année. Quel sera le point de départ de l'année dotale ? « In fructibus retinendis, neque dies dotis constitutæ, neque nuptiarum observabitur, sed *quo primum dotale prædium constitutum est, id est tradita possessione.*» Il en résulte que le fonds constitué en dot par *promissio* ou *dictio* est dotal, et par suite inaliénable, par cela seul que la tradition en a été faite. Or, le mari n'acquiert ainsi que la propriété du droit des gens; il a l'immeuble *in bonis*, il n'en est pas encore *dominus ex jure Quiritium*. — La loi 14, pr., *De fundo dotali*, est encore plus formelle. Une femme qui va épouser Titius remet, *voluntate mariti*, à Mœvius, mandataire ou fermier de Titius, le fonds qu'elle veut se constituer en dot; *dos ejus conditionis erit cujus esset, si ipsi Titio fundum tradidisset.* En d'autres termes, le fonds devient immédiatement dotal et inaliénable. Et cependant il ne peut être ici question du *dominium ex jure Quiritium* du mari. En effet, du temps des jurisconsultes, la mancipation ou la *cessio in jure* faite à Mœvius ne peut faire acquérir à Titius que la possession et la possibilité d'arriver par là à la propriété (Gaïus, II, 95; loi 53, *De adquir. rer. dom.*, 41, 1). Donc le fonds que le mari a seulement *in bonis* est soumis à la loi Julia comme celui dont il serait *dominus ex jure Quiritium*. La manière dont Gaïus, II, 63, exprime la restriction de la loi Julia confirme cette opinion. Le fonds dotal est inaliénable, quand même (*quamvis*) le mari en serait devenu propriétaire par mancipation ou par *cessio in jure*, c'est-à-dire quand même le mari aurait sur lui le droit le plus parfait que reconnaisse le *jus civile*.

Il faut en dire autant même de l'immeuble que le mari possède de bonne foi. Sans doute le mari n'est pas encore propriétaire, et on pourrait dire qu'il est dans une situation analogue à celle du maître d'un fonds provincial; mais il y a entre les deux cette différence que dans un cas le mari arrivera à la propriété par l'usucapion, tandis que dans l'autre il ne peut jamais être propriétaire. Cela suffit pour nous permettre de donner

une décision différente. Nous pouvons d'ailleurs invoquer par analogie la loi 5, § 2, *De reb. cor.*, qui applique
l'*oratio Severi* aux fonds ruraux ou suburbains possédés
de bonne foi par les mineurs.

II. Nous connaissons maintenant le sens précis et
l'étendue du mot *prædium,* dont se sert la loi Julia. Il
nous reste à examiner comment ces *prædia* deviendront
dotaux et inaliénables.

Le principe est que le fonds ne devient dotal et inaliénable qu'au moment où la propriété en est acquise
au mari (loi 13, § 2, *De fundo dot.*). Il est évident en effet
que si le mari n'a aucun droit sur l'immeuble, on n'a
pas besoin de parler de la loi Julia, car on ne peut pas
restreindre une disponibilité qui n'existe pas encore.
Mais aussitôt qu'un *prædium* est acquis au mari *dotis
nomine,* il faut dire en général, et sans distinguer par
quel mode la constitution de dot a été faite, que la loi
Julia s'y applique. De même, peu importe que la constitution émane de la femme ou d'un étranger. La faveur
qui s'attache au mariage fait que la femme aura l'action
rei uxoriæ pour recouvrer une dot qui ne vient pas d'elle ;
par suite, s'il y a un immeuble dans la dot, l'inaliénabilité le frappera au profit de la femme : *si mulieris nomine quis fundum dederit, dotalis fundus erit ; propter
uxorem enim videtur is fundus ad maritum pervenisse*
(loi 14, § 1, *De fundo dot.*).

La loi 14, § 3, *De fundo dot.*, nous fournit une application du principe dans des hypothèses qui, d'ailleurs, ne
présentent pas de difficulté. Une femme est légataire
d'une succession dont le mari est héritier ; ou bien elle
est instituée héritière, et le mari lui est substitué vulgai-

rement ou est héritier *ab intestat;* ou bien enfin elle est
légataire, et le mari lui est substitué vulgairement dans
le legs. Dans ces trois cas, si elle répudie le legs ou l'hérédité *dotis constituendæ causa,* ce que le mari acquiert
par cette répudiation devient dotal, et si c'est un fonds,
il faut lui appliquer la loi Julia. Il en serait de même si
la femme, instituée héritière ou légataire conjointement
avec son mari, répudiait le legs ou l'hérédité; tout le bénéfice de la disposition irait au mari, *jure accrescendi;*
seulement, la moitié serait dotale, et par conséquent la
loi Julia atteindrait la moitié du fonds compris dans le
legs ou dans l'hérédité.

Remarquons que, dans tous ces cas, la dotalité ne peut
avoir lieu qu'autant que le mari connaît l'intention de la
femme de se constituer une dot par la répudiation. En
effet, les jurisconsultes ont bien pu accorder à la femme
l'action *rei uxoriæ* pour réclamer une dot qu'elle n'a pas
constituée elle-même, et qu'un tiers a fournie à son insu;
mais il était évidemment impossible de soumettre le mari
à cette action, sans qu'il sût qu'une dot lui est constituée. La répudiation de la femme ne suffit pas pour fonder la dotalité; il faut encore qu'elle soit convenue avec
son mari que la dotalité sera ainsi créée.

La répudiation émanée d'un tiers, dans des circonstances analogues, aura le même résultat que celle qui
émane de la femme. Ulpien suppose un cas de ce genre,
dans la loi 5, § 5, *De jure dotium.* Le beau-père, héritier
d'une succession à laquelle son gendre est appelé *ab intestat* ou par une substitution vulgaire, répudie l'hérédité pour constituer une dot à sa fille. Les biens recueillis
par le gendre seront dotaux; mais cette dot ne sera pas

profectice, *quia nihil erogavit de suo pater, sed non acquisivit.* En effet, pour qu'une dot soit profectice, il faut
que le patrimoine du père qui la constitue ait été réellement diminué d'autant : or, c'est ce qui n'a pas lieu
ici, les jurisconsultes ne considérant pas le refus d'acquérir comme une aliénation.

Les lois 9 et sq. de notre titre présentent des hypothèses plus compliquées, à cause de certaines conventions intervenues entre le mari et le constituant.

Ainsi, le mari a reçu en dot *quod debet*, au moyen
d'une *dictio* ainsi conçue : *Doti tibi erit quod mihi debet*,
et émanant, soit de la femme, soit de son ascendant paternel, soit d'un tiers à la fois créancier du mari et débiteur de la femme, et délégué par celle-ci. Le résultat
est très-bien formulé par la loi, 77. *De jure dot : Mariti
obligatio tota tollitur, perinde ac si solutum debitum
mulieri in dotem ab ea datum esset.* La constitution de
dot se fait ainsi par une sorte de tradition de brève
main ; au contraire, dans l'hypothèse de la loi 14, § 3,
De fundo dotali, la dot est constituée par la répudiation
elle-même, sans translation de propriété sous-entendue. Cela résulte des derniers mots de la loi 5, § 5, *De
jure dot.,* déjà cités : *Nihil erogavit de suo pater* (le constituant), *sed non acquisivit.* Quant à la puissance de la
libération née de la *dictio,* les jurisconsultes n'étaient
pas d'accord. Les uns ne donnaient à la *dictio* que l'effet d'un pacte *De non petendo* (loi 44, § 1er, *De jure dot.*) ;
la libération n'avait donc lieu qu'*exceptionis ope.* D'autres assimilaient la *dictio* à l'*acceptilatio* (lois 25, 77,
De jure dot.; loi 31, § 1er, *De novat.*), et, par suite, libé-
raient le mari *ipso jure.*

Lorsque la *dictio* constitue simplement au mari *quod debet,* et que l'objet de la dette est un immeuble, l'application de la loi Julia est facile. Si le mari est propriétaire de l'immeuble, à l'instant même cet immeuble devient dotal et inaliénable (loi 9, pr., *De fundo dot.*). Si le mari n'en est pas propriétaire, la dotalité reste en suspens jusqu'à ce qu'il le soit devenu (loi 14, § 2, *De fundo dot.*)— Remarquons que les textes que nous citons disent partout *promissio* au lieu de *dictio ;* mais c'est une altération évidente, car la stipulation n'a jamais servi qu'à faire naître une obligation, non à l'éteindre.

Le résultat que nous venons d'indiquer n'est pas spécial à la *dictio.* Si la constitution de dot s'est faite par une *acceptilatio* émanée de la femme, ou d'un tiers quelconque créancier du mari, le fonds qui était l'objet de la dette deviendra dotal. On sous-entendra plusieurs translations de propriété ; par exemple, ce sera comme si le fonds payé par le mari à son créancier était donné par celui-ci à la femme, qui aussitôt le constituerait en dot (loi 41 § 2, loi 43, § 1, *De jure dot.*)— Il faut en dire autant du pacte *de non petendo,* du moins dans l'opinion de ceux qui ne tiraient de la *dictio* qu'une libération *exceptionis ope.* Ulpien le dit dans la loi 12, § 2, *De jure dot.* Une femme convient avec son mari *ut id quod debeat in dotem habeat.* La dette du mari est éteinte *exceptionis ope ;* mais la femme pourra réclamer l'objet de cette dette par l'action *rei uxoriæ.* C'est donc que l'objet est devenu dotal, et par suite inaliénable, si c'est un immeuble. — Du reste, depuis Théodose et Valentinien, cela ne fait plus de difficulté : une action étant désormais attachée au pacte dotal, celui-ci produit tous les effets de la *dictio,*

qui dès lors devient inutile et disparaît (loi 6, C., *De dot.*
pr., 5, 11).

L'obligation primitive du mari pouvait ne pas être pure
et simple ; il faut alors appliquer à la *dictio* la même
modalité. Par exemple, le mari devait sous une alternative
un fonds ou 10. S'il n'y a pas eu de clause spéciale, le
choix lui appartient (loi 10, § 6, *De jure dot*). Il dépend
donc de lui de rendre dotal le fonds ou les 10, et par
conséquent, d'amener ou d'empêcher l'application de la
loi Julia (loi 9, § 1, *De fundo dot.*) La détermination
pourra être tacite ; par exemple, le mari aliène ou hypothèque le fonds ; par là même les 10 deviennent dotaux.
— De même si les objets de l'alternative sont des corps
certains, Stichus ou un fonds, l'un d'eux venant à
périr, l'autre sera dotal (loi 9, § 2, *De fundo dotali.*)
—En droit commun on admet généralement que lorsque l'un des objets de l'alternative périt par cas fortuit,
sa valeur reste *in facultate solutionis* (loi 47, § 3 , *De
legat.* 1° ; loi 95, § 1, *De solut.*) Notre loi 9, § 2, *De fundo
dot.*, ne contredit pas cette doctrine. Si elle déclare
dotal seulement l'objet qui n'a pas péri, c'est que par la
dictio la femme s'est constitué en dot ce que le mari lui
doit véritablement, non ce qu'il aurait eu la faculté
de lui payer, si l'obligation primitive eût encore
existé.

Si les objets de la dette alternative sont deux fonds,
l'application de la loi Julia fait naître des questions
plus délicates (loi 9., § 3, *De fundo dotali*). Le mari a le
choix, et, comme ci-dessus, la détermination pourra être
expresse ou tacite. De plus, si l'obligation est conçue en
termes généraux (*spondes ne fundum Sempronianum*

aut fundum Cornelianum), une première option n'a rien
de définitif : on interprète en effet la stipulation en ce
sens que le débiteur peut, jusqu'à la *litis contestatio*,
se libérer en payant l'un quelconque des deux fonds (loi
138, § 1, *De verb. oblig.*). La dotalité des fonds suit nécessairement les mêmes vicissitudes, et c'est ce qu'exprime
Paul dans la loi 10, *De fundo dot* : *Erit potestas legis
ambulatoria ;* c'est-à-dire : l'inaliénabilité pourra aller
affecter successivement l'un et l'autre immeuble. On
pourrait, en ajoutant quelque chose à la stipulation,
limiter à une seule fois l'exercice du droit de choisir
du débiteur. Les jurisconsultes faisaient à ce sujet une
distinction bizarre. Si on avait ajouté *quem volueris* ou
utrum volueris, le choix une fois fait est irrévocable ; avec
quem voles ou *utrum voles,* le choix reste illimité. C'est
attacher une bien grande importance à deux formes
grammaticales.

Lorsque le mari a le droit de choisir indéfiniment
l'objet qu'il voudra payer, il aura le droit de remettre la
dotalité en suspens en rachetant le fonds aliéné, et par
conséquent il pourra rendre celui-ci dotal en aliénant
celui qu'il avait d'abord conservé. Mais pourra-t-il aliéner ce fonds avant d'avoir racheté le premier ? La loi 10,
De fundo dot., pose la question sans la résoudre. Les deux
solutions ont en effet des inconvénients. Si on admet la
nullité de l'aliénation, on va permettre au mari de
revendiquer un fonds qui peut-être ne sera pas dotal en
définitive, car le mari peut encore changer d'avis. Si, au
contraire, on refuse l'action au mari, la femme va se
trouver sans dot, et le fonds dotal aura été véritablement
aliéné par le mari seul, car ce fonds est nécessairement

l'un ou l'autre des deux immeubles aliénés par le mari. Du reste, si, après avoir aliéné le second immeuble, le mari rachète le premier, l'aliénation est immédiatement ratifiée, et le mari ne pourra pas en demander la nullité. En effet, les deux immeubles ayant été aliénés, le rachat de l'un d'eux montre bien l'intention du mari de le rendre dotal.

L'alternative peut résulter de la *dictio* elle-même, l'obligation primitive étant pure et simple. Par exemple, la femme fait la *dictio* en ces termes : *Quod mihi debes aut fundus Sempronianus tibi doti erit.* Ici la *dictio* produit à la fois ses deux effets: la dette du mari est éteinte, et la femme devient débitrice du fonds. Seulement comme l'intention des parties est de ne laisser au mari que l'un des objets de la *dictio*, il faudra trouver un expédient pour empêcher le cumul. Le choix est ici à la femme devenue débitrice. Si elle choisit ce que le mari lui doit, et que le mari réclame le fonds, elle le repoussera par l'exception *pacti* ou *doli mali*. Si elle choisit le fonds, elle réclamera sa créance, non plus par l'action primitive, qui est éteinte, mais par la *conditio sine causa* (loi 46, § 1, *De jure dot.* ; cf. loi 50, pr., *De jure dot.*)

La dotalité sous une alternative peut se présenter sans être jointe à une *dictio* et à une dette antérieure du mari. Par exemple, la propriété d'un fonds est transférée au mari *dotis causa*, de telle manière que le mari devra restituer ou le fonds, ou l'estimation qui en est faite dans la constitution de dot. Le mari se trouve ainsi tenu d'une véritable obligation alternative, et, s'il n'y a pas de clause contraire, c'est lui qui a le choix. Tout se passera alors comme ci-dessus. Mais si le choix a été

réservé à la femme, le fonds est nécessairement inaliénable (loi 11, *De fundo dot.*, loi 10, § 6, *De jure dot.*), sans
quoi il dépendrait du mari de priver la femme de son
droit d'option, et de la réduire à l'estimation, en aliénant
l'immeuble. Donc, si à la dissolution du mariage la femme
opte pour le fonds, elle pourra invoquer la loi Julia et
évincer le tiers acquéreur (loi 1, C., *De fundo dot.*). Quant
au mari, il est difficile de lui accorder la revendication. —
Du reste, l'aliénation faite par le mari du consentement
de sa femme, est valable, sans aucun doute. Mais par là
la femme a-t-elle entendu opter pour l'estimation ? On
peut admettre une subrogation réelle du prix d'aliénation
à l'immeuble aliéné, et laisser à la femme le choix entre
ce prix et l'estimation (*V.* loi 32, pr., *De pactis dot.*).

Nous avons vu que la femme peut se constituer en
dot une part indivise dans la propriété d'un immeuble.
Si un partage survient, la transformation du droit de propriété aura son contre-coup dans la dotalité et l'application
de la loi Julia (V. loi 78, § 4, *De jure dot.*). Le partage peut
avoir lieu en nature; alors la part attribuée au mari dans
l'immeuble est dotale et inaliénable. Si le partage en nature est impossible, et que l'adjudication soit faite au
profit du copropriétaire ou d'un tiers, la somme payée au
mari pour la valeur de sa part indivise devient dotale, et
il n'y a plus à parler d'inaliénabilité. Lorsque, au contraire, c'est le mari qui se rend adjudicataire, l'indivision
persiste au point de vue de la dotalité; c'est toujours une
part indivise de l'immeuble qui est dotale et inaliénable.

Jusqu'ici nous n'avons parlé que des fonds qui sont l'objet exprès ou implicite d'une constitution de dot. Un
fonds peut devenir dotal dans d'autres circonstances, qui

se rattachent à ce principe : tout ce que le mari acquiert *propter rem dotalem* est dotal, à moins qu'il ne l'ait acquis *ex re sua.*

Il n'est pas besoin de dire que les fruits de la dot perçus pendant le mariage ne rentrent pas dans cette règle ; ils sont, d'après la définition même de la dot, acquis au mari, qui est censé les employer aux charges du ménage. Au contraire, les fruits perçus soit avant, soit après le mariage, ne sont pas employés suivant la destination de la dot, et par conséquent, ils s'y ajoutent et peuvent être réclamés par la femme (V. loi 18, § 1, *De fundo dot.*). Tous les autres produits de la dot sont dotaux. Par exemple, le mari a coupé des oliviers sur le fonds dotal pour renouveler la plantation ; puis il meurt léguant la dot à la femme. Celle-ci réclamera la valeur des oliviers par l'action *ex testamento,* et elle l'obtiendra quand même ce serait sur sa demande que le mari a fait arracher les arbres (loi 8, *De fundo dot.*). En effet, on ne présume pas l'*animus donandi,* et lors même que l'intention de donner serait manifeste, la prohibition des donations entre époux pendant le mariage suffit pour faire triompher la femme. Du reste, il ne peut être ici question d'appliquer la loi Julia, puisque tous ces produits acquis au mari *ex re dotali* sont meubles.

Au contraire, le mari peut acquérir des immeubles aussi bien que des meubles à l'occasion des choses dotales, *propter res dotales.* Toutes ces acquisitions sont dotales. Les textes nous en fournissent de nombreux exemples. Ainsi un trésor est découvert sur le fonds dotal ; la moitié qui revient au mari *jure soli* est dotale (loi 7, § 12, *Solut. matr.*). Ce texte, qui suppose que le trésor a

été trouvé par le mari dit : *Pars thesauri dimidia resti-*
tuetur, quasi in alieno inventi. Cette phrase n'exprime
pas le motif de la restitution, car le fonds dotal appartient bien au mari; ce n'est qu'une comparaison pour
bien montrer que le trésor n'est pas un fruit.—De même un
esclave dotal reçoit une donation ou un legs, ou est
institué héritier; ce que le mari recueille ainsi est dotal
(loi 3, pr. *De fundo dot.*). — Un esclave dotal est affranchi
par le mari malgré l'opposition de la femme; tout ce que
le mari acquiert *ex affectione liberti* s'ajoute à la dot (loi
61, *Solut. matr.*).—La femme, en constituant un fonds en
dot a fourni au mari la *cautio duplæ;* l'éviction a lieu,
et le mari obtient de la femme le double du prix par
l'action *ex stipulatu.* L'indemnité tout entière est dotale
(lois 16 et 52, *De jure dot.*). Nous avons fait plus haut
une application du principe à l'immeuble hypothéqué
à une créance dotale, et que le mari possède *jure domi-*
nii avec la permission de l'empereur (argument de la loi
5, § 3, *De reb. eor.*).

Quelle est la portée exacte du principe? D'abord il
s'agit d'acquisitions faites *propter rem dotalem.* Il faut
donc écarter les choses apportées en dot avec estimation
valant vente; ces choses, en effet, ne sont plus dotales:
le mari peut en disposer à son gré; ce qu'il acquiert par
elles lui appartient donc exclusivement. Quant aux personnes, le principe doit s'entendre avec la même extension que nous avons reconnue au privilége de la femme
et à la loi Julia, en tête de notre § 2. Que les acquisitions *propter rem dotalem* aient été faites par le fiancé
avant le mariage ou par le mari divorcé avant la restitution, elles ne sont pas moins dotales que celles que fait

le mari pendant le mariage. La raison en est très-simple.
Ces acquisitions sont faites à l'occasion de choses dont
la destination est fixe pendant le mariage, et qui doivent
être rendues à la dissolution. Au moment où la dot devient restituable, on peut donc dire que le mari détient
sine causa tout ce qu'il a acquis *propter rem dotalem,* et,
si on le lui laissait, il s'enrichirait sans raison aux dépens
de la femme. Celle-ci aurait donc, d'après le droit commun,
une *condictio sine causa* pour en obtenir la restitution.
Mais la faveur de la dot fait qu'on va plus loin. Lorsque
la femme a l'action *rei uxoriæ* pour réclamer les choses
dotales, on ne la réduit pas à la *condictio sine causa* pour
les acquitions *propter rem dotalem;* on ajoute ces acquisitions à la dot, et on les comprend dans l'action privilégiée. De même, lorsque la femme n'a qu'une *condictio
sine causa* pour réclamer les choses transmises au mari
dotis nomine, par exemple, quand un mariage contracté
ne s'accomplit pas, ou quand un mariage contracté est
annulé, nous avons vu qu'on lui donnait néanmoins le
privilegium inter personales actiones; les acquisitions
que le mari aura faites à l'occasion de cette dot seront
aussi comprises dans l'action privilégiée, et on ne ré-
duira pas la femme à une *condictio* toute nue. Il résulte
de là que si l'un des objets acquis ainsi par le mari est
un immeuble, la loi Julia s'y applique. Nous avons vu
en effet, à notre § 2, que toutes les fois qu'un immeuble
peut être réclamé par la femme agissant *de dote,* l'esprit
de la loi Julia exige qu'on le déclare inaliénable (loi 3,
§ 1er, *De fundo dotali*).

Les textes confirment cela formellement. *Fundus dotali servo legatus ad legem Juliam pertinet, quasi dotalis*

(loi 3, pr., *De fundo dot.*). Voilà le principe posé sans distinction. La loi 47, *De jure dot.*, suppose le cas où l'immeuble est légué avant le mariage à un esclave dont la propriété a été transférée, *dotis causa*, à un homme qui va se marier. La dot est augmentée par cette acquisition, *ampliatur dos;* en d'autres termes, l'immeuble devient dotal et par conséquent inaliénable. La loi 31, § 4, *Solut. matr.*, prend l'hypothèse inverse et donne la même solution. L'immeuble donné à l'esclave dotal après le divorce, mais avant la restitution, s'ajoute à la dot, *ad augmentum dotis pertinet;* donc il est inaliénable. Les deux textes expliquent l'augmentation de la dot en comparant ce que le mari acquiert, *propter rem dotalem,* avec les fruits qu'il perçoit sur le fonds dotal, sans avoir à les consacrer aux charges du mariage. Cujas s'est demandé pourquoi les jurisconsultes ne se sont pas contentés du principe général de la loi 3, *De fundo dotali,* et ont développé deux cas particuliers; et pour expliquer cela, il a imaginé des hypothèses toutes spéciales, auxquelles il veut restreindre l'application des lois 47, *De jure dotium,* et 31, § 4, *Solut. matr.* Sur la loi 47, il suppose un esclave apporté en dot avec estimation. La propriété n'est acquise au mari qu'au moment du mariage (loi 10, § 4, *De jure dotium*). Les acquisitions faites par cet esclave ne sont donc dotales que si elles arrivent avant le mariage, car après le mariage il n'y a plus d'esclave dotal, et par conséquent plus d'acquisition *per servum dotalem.* Cela est vrai, sans doute; mais le texte est bien plus général. Quant à la loi 31, § 4, *Solut. matr.*, Cujas propose une hypothèse inadmissible. Il suppose un legs fait, *post divortium,* à l'esclave dotal *contem-*

platione mariti, non mulieris. Co legs rosterait au mari comme s'il était acquis *ex re sua* (loi 45, § 4, *De adquir. vel omitt. hered.*), s'il était fait pendant le mariage; au contraire, fait après le divorce, il doit être restitué à la femme. Cette restriction, qu'aucun texte ne confirme, n'est même pas fondée en raison. Après le divorce, le mari reste propriétaire du fonds dotal; il peut donc encore acquérir, *ex re sua,* à l'occasion des choses dotales. Bien plus, malgré le divorce, la restitution peut ne jamais avoir lieu, si la femme meurt sans avoir mis le mari en demeure de restituer. Enfin, l'action *rei uxoriæ* étant de bonne foi, ne peut faire obtenir à la femme ce que le testateur a voulu donner au mari. Pour nous, nous pensons avec M. Demangeat que, si les jurisconsultes ont parlé spécialement des acquisitions faites avant ou après le mariage, c'est parce qu'on aurait pu hésiter à admettre une augmentation de la dot à un moment où la dot n'existe réellement pas encore, ou bien a cessé d'exister par la dissolution du mariage.

Ce que les textes précédents disent du legs doit être étendu à la donation et à l'institution testamentaire faite au profit de l'esclave dotal (loi 45, pr., et § 1, *De adquir. vel omitt. hered.*, 29, 2). L'hérédité et la donation, pas plus que le legs, ne sont acquises du travail de l'esclave, *ex operis servi;* par conséquent, ce ne sont pas des fruits qui puissent définitivement rester au mari.

Lorsque l'acquisition faite *propter rem dotalem,* par le mari, émane *ex re sua,* elle lui reste propre, et la femme ne peut la réclamer. C'est une restriction nécessaire de la règle que nous avons posée. Les textes en

font des applications diverses. Nous venons de parler du
legs fait à l'esclave dotal, *contemplatione mariti* (loi 45,
§ 4, *De adq. vel omitt. hered.*). Si le mari a affranchi un
esclave dotal sans consentement ni opposition de la part
de la femme, tout cè qu'il acquiert *ex affectione liberti* lui
reste propre (loi 61, *Solut. matr.*). Nous avons vu aussi
que lorsque la dot comprend un fonds indivis, si le partage est demandé et que le mari se porte adjudicataire,
la part indivise qu'il acquiert ainsi ne devient pas dotale, parce qu'elle provient *ex re mariti*. La loi 78, § 4,
De jure dot., confirme cela, tout en indiquant un tempé-
rament d'équité. Le mari en se rendant adjudicataire fait
persister l'indivision. Pour que la femme n'en souffre
pas, on lui permet de réclamer le fonds tout entier, en
supposant que le mari n'a pas aliéné la part qui lui était
propre, moyennant le remboursement du prix d'adjudication; le mari, de son côté, peut exiger que la femme
prenne tout l'immeuble.

§ 4. — *Quels actes sont compris dans la prohibition de la loi Julia.*

La loi Julia défend au mari d'aliéner le fonds dotal
sans le concours de la femme. Nous savons à quelles
personnes et à quels biens cette disposition s'applique ;
il nous reste à déterminer quels actes sont précisément
compris dans la prohibition.

I. L'aliénation est définie par la loi 1, C. *De fundo dot.*:
omnis actus per quem dominium transfertur. Toute
translation de propriété est donc défendue, qu'elle soit
faite à titre onéreux ou à titre gratuit, et sous quelque

forme qu'elle se présente, échange, partage, legs *per vindicationem*, etc.

La loi 4, *De fundo dotali*, met sur la même ligne que l'aliénation l'*obligatio prædii dotalis*. Cependant Gaïus, II, 63, et Paul, Sent. II, 21 B., § 2, ne parlent que de l'aliénation. Les compilateurs, qui ont modifié sans scrupule le paragraphe de Gaïus aux Institutes, peuvent fort bien avoir interpolé la loi 4, qui est aussi un texte de Gaïus. Ce texte ne prouve donc rien, pas plus que les affirmations de Justinien ; en outre, il est très-probable qu'à l'époque où fut portée la loi Julia l'hypothèque et le gage étaient encore inconnus. Lorsqu'un débiteur voulait donner une sûreté réelle à son créancier, il lui mancipait sa chose, *contracta fiducia;* le créancier devenait propriétaire, et le débiteur était réduit à l'action personnelle de fiducie pour réclamer sa chose après avoir payé la dette. Ce moyen était encore employé du temps de Gaïus, et même de Paul, à côté de l'*obligatio rei*. Il y avait cependant déjà, sous la république, un cas d'*obligatio rei* véritable. Lorsqu'un homme devenait débiteur de l'État en qualité d'acheteur ou de locataire, tous ses biens étaient *obligés* à la sûreté de la dette. Un auteur en conclut que la loi Julia a pu parler de cette *obligatio* pour la défendre au mari. Cela est inadmissible. Si la loi Julia avait pu faire quelque chose, ç'aurait été de défendre au mari de s'obliger envers l'État. Mais l'obligation étant permise, l'*obligatio bonorum* frappe nécessairement et de plein droit tous les biens du débiteur, et par conséquent les biens dotaux.

M. Demangeat nous fournit une explication plus simple et basée sur l'histoire même du droit de gage et d'hypothèque. A l'origine, les sûretés réelles consistent dans une aliénation *contracta fiducia*. Cette aliénation rentrait dans la règle de la loi Julia, et il était inutile d'en parler d'une façon expresse. Dans tous les cas, l'aliénation était défendue, *invita muliere*. Quand le gage et l'hypothèque pénétrèrent dans le droit romain, on leur étendit naturellement la prohibition, car, au fond, c'était seulement une nouvelle forme de la même chose. C'est en ce sens qu'on a pu dire que la loi Julia défendait l'hypothèque comme l'aliénation.

Arrive le sénatus-consulte Velléien, qui défend à la femme d'*intercéder*, c'est à dire de s'obliger ou d'obliger ses biens pour autrui. L'hypothèque que la femme mariée consentirait sur ses paraphernaux au créancier du mari est donc prohibée sans difficulté (lois 39, § 1, 40, *De re vind.*; loi 7, C. *Ad senat. c. Vell.*). Mais il y a même raison d'étendre la prohibition à l'hypothèque du fonds dotal, consentie par le mari pour sûreté de sa propre dette, *volente uxore;* car ici encore la femme risque une partie de sa fortune (à venir), en renonçant par l'hypothèque à se prévaloir de l'action *rei uxoriæ* contre le créancier du mari. Voilà comment l'hypothèque du fonds dotal a été prohibée d'une manière absolue. La différence entre l'aliénation et l'hypothèque est d'ailleurs très-raisonnable, car la femme qui voit immédiatement le danger d'une aliénation pourrait se faire illusion sur l'effet éloigné de l'hypothèque et la permettre trop facilement.

La prohibition de l'hypothèque, *etiam volente uxore*, dérivant du sénatus-consulte Velléien, il faut admettre que, si le sénatus-consulte devient inapplicable, la prohibition cesse aussi. Ainsi, pour garantir une dette de la

femme, l'hypothèque doit être permise avec le consentement de la femme. De même, le sénatus-consulte valide
l'*intercessio* lorsque le tiers à qui elle a été consentie était
de bonne foi, c'est-à-dire ignorait qu'elle émanât d'une
femme mariée (loi 2, § 3, *Ad s. c. Vell.*, 16, 1 ; loi 5, C. *Ad
s. c. Vell.*, 4, 29). Il faut étendre cela à l'hypothèque du
fonds dotal.

L'aliénation est défendue, qu'elle soit totale ou par-
tielle. Ainsi le mari qui a reçu en dot une portion indivise
dans la propriété d'un immeuble ne peut pas intenter
l'action en partage (loi 78, § 4, *De jure dot.*), parce que le
partage est une véritable aliénation.

De même le mari ne peut pas aliéner les servitudes
dont jouit le fonds dotal (loi 5, *De fund dot.*, loi 86, *De
verb. sign.*, loi 15, § 7, *De usuf. et quemad.*). La loi 5, *De
fundo dot.*, dit *servitutes fundo debitus*, ce qui désigne le
droit réel de servitude et non une créance dont l'objet
serait une servitude ; car, dans ce dernier cas, la servitude
serait due à la personne, non au fonds. Du reste, une telle
créance serait aussi inaliénable, car nous avons admis au
§ 1er, d'après la loi 49, *De jure dot.*, que les créances dotales dont l'objet est un immeuble soumis à la loi Julia
sont elles-mêmes inaliénables. — Peu importe que la servitude soit née avant ou pendant le mariage. Dans ce dernier cas, il ne faut même pas distinguer suivant qu'elle
a été acquise *ex re mariti*, ou autrement. En effet, dans
tous les cas, la servitude devient une qualité perpétuelle
du fonds. Le mari qui a acquis la servitude *ex re sua*
n'aura droit qu'à une indemnité.

L'aliénation des servitudes est défendue, qu'elle soit
directe ou indirecte, faite par *in jure cessio* ou *non*

utendo.—L'extinction par confusion reste seule possible, parce qu'on la considère comme nécessaire (loi 7, pr., et § 1, *De fundo dot.*). Seulement, à la restitution de la dot, le mari devra rétablir la servitude au profit de la femme. Si le mari est encore propriétaire du fonds servant, le juge de l'action *rei uxoriæ* veillera au rétablissement de la servitude. S'il l'a vendu sans réserver la servitude, il est responsable; mais le tiers acquéreur est à l'abri de toute attaque de la part de la femme. Enfin, si la confusion s'est produite postérieurement à la constitution de dot par l'acquisition que le mari aurait faite du fonds servant, et qu'ensuite ce fonds ait été restitué au vendeur, soit en vertu d'une *addictio in diem*, ou d'une *lex commissoria,* ou d'un pacte de réméré, soit par suite de l'action rédhibitoire du mari, la reconstitution de la servitude peut être exigée par le mari au moyen de l'action *empti* ou *redhibitoria;* en effet, lorsqu'une vente est résolue, les deux parties sont en quelque sorte restituées *in integrum* (loi 60, *De œdilit. edict.*). Le mari est responsable envers la femme de cette reconstitution. S'il l'a négligée et qu'il soit insolvable, la femme pourra intenter *utiliter* contre l'acquéreur l'action *empti* ou *redhibitoria* du mari (loi 16, *De pactis,* loi 1, § 13, *De tutelæ et rea.*). Remarquons que, bien que ces conséquences soient développées dans le titre *De fundo dotali,* elles dérivent du droit commun, et non de la loi Julia.

Nous pouvons trouver d'autres exemples d'aliénations partielles défendues. Ainsi le mari ne peut grever le fonds dotal ni d'une servitude prédiale, ni d'une servitude personnelle (loi 3, § 5, *De reb. cor.*), ni d'un droit de superficie, ni d'une emphytéose.

Ce n'est pas seulement l'aliénation qui est défendue par la loi Julia. La vente elle-même est atteinte par la prohibition, non-seulement en ce sens que l'acheteur n'arrivera pas à la propriété par l'usucapion, mais encore en ce sens que le contrat lui-même est frappé de nullité sans tenir compte de la bonne foi de l'acheteur. La loi 42, *De usur.*, est formelle : *Cum vir prædium dotale vendidit scienti vel ignoranti rem dotis esse, venditio non valet.* Cf. loi 2, § 1, *De fundo dot.*, loi 77, § 5, *De legat., 2°* ; loi 5, § 3, *De reb. cor.*

Par analogie avec la vente, il faut défendre aussi le legs *per damnationem.*

II. La loi Julia ne défend que les aliénations volontaires, c'est-à-dire celles qui dérivent de la volonté précise du mari de faire passer à un tiers la propriété du fonds dotal. Au contraire, les aliénations nécessaires ne sont pas défendues, quand même elles se rattacheraient à un acte volontaire du mari, pourvu que la volonté du mari ne fût pas directement d'aliéner. Papinien définit très-bien l'aliénation nécessaire, *quæ velustiorem causam et originem juris habet necessariam* (loi 13, *Famil. ercisc.*, 10, 2) ; c'est celle qui a sa cause dans un fait indépendant de la volonté du mari, ou dans une nécessité juridique.

La loi 1 pr. *De fundo dot.*, pose le principe et en fait une application au *damnum infectum.* Quand une chose cause un préjudice à autrui, le propriétaire ne peut être tenu du dommage que sur la chose même, et il est quitte de son obligation en abandonnant (loi 7, § 1, *De damno infect.*, 39, 2). Ainsi, si ma maison s'écroule sur le fonds du voisin, celui-ci ne peut s'indemniser que sur les matériaux. Pour éviter cela, le voisin menacé d'un dom-

mage *vitio œdium, loci, operis, arborum,* peut conduire
le propriétaire devant le préteur ; ce magistrat invitera le
propriétaire à s'engager par stipulation à réparer le dommage. Si le propriétaire s'engage en donnant la *cautio
damni infecti,* le voisin acquiert l'action *ex stipulatu,* qui
lui permettra de se faire indemniser complétement. Si,
au contraire, le propriétaire refuse la caution, le préteur,
par un premier décret, envoie le voisin en possession de
l'immeuble qui menace ruine ; ce décret est sanctionné par
une action *in factum.* Si la *contumacia* du propriétaire
se prolonge, le préteur, *causa cognita,* rend un second
décret, par lequel *jubet vicinum possidere.* Par là, il transfère autant qu'il le peut au voisin le droit du *contumax;*
le voisin a donc l'immeuble *in bonis,* et le décret lui
servira de *justa causa* pour arriver à l'usucapion du domaine quiritaire (loi 5, pr., *De damno inf.*). Cette usucapion est analogue à celle qui serait nécessaire à l'acheteur d'une chose *mancipi,* dont la tradition aurait été faite
sans mancipation. Dans l'un comme dans l'autre cas, la
revendication du *dominus ex jure Quiritium* serait sans
effet, même avant l'accomplissement de l'usucapion.

Appliquons cela au fonds dotal. Le mari, mené devant
le préteur, refuse la *cautio damni infecti;* le premier décret permet au voisin de venir s'établir sur le fonds. Le
mari persiste dans son refus ; le second décret rend le
voisin propriétaire.

Nous pouvons rapprocher de ce cas celui où une servitude existant au profit du fonds dotal est éteinte par confusion, parce que le mari achète le fonds servant (loi 7,
pr., *De fundo dot.*). Dans les deux cas, l'aliénation suit

un acte volontaire du mari, mais on ne peut pas dire que la volonté du mari fût précisément d'aliéner.

Nous avons déjà vu que le mari qui a reçu en dot une portion indivise dans un immeuble ne peut pas intenter l'action *communi dividundo;* mais il peut très-bien y défendre (loi 2, C., *De fundo dot.*). Le résultat sera une aliénation nécessaire.

Il y aura encore exception à la loi Julia au cas où l'immeuble étant possédé par un tiers, le mari qui a triomphé dans la revendication ne peut pas recouvrer l'immeuble *manu militari,* et est obligé de s'en tenir à la *litis œstimatio.* Dans quels cas cela peut-il arriver? Les interprètes ne sont pas d'accord. Il faut d'abord mettre en dehors de la question le cas où le défendeur est arrivé à l'usucapion *inter moras litis;* le juge qui le condamne lui dira de restituer la propriété, mais ne pourra l'y forcer, parce que la *manus militaris* n'est pas un mode de transférer la propriété. Dans tous les autres cas, le *jussus judicis* peut-il être exécuté *manu militari?* M. de Savigny dit non. La loi 68, *De rei vind.,* le seul texte qui parle de la *manus militaris,* est interpolée. Il s'ensuit que l'aliénation du fonds dotal, ainsi faite, est toujours une aliénation nécessaire. Cette opinion est généralement repoussée; mais les interprètes vont plus ou moins loin. M. Demangeat n'admet la *manus militaris* que lorsque le défendeur qui prétend ne pas pouvoir restituer, parce qu'il n'a pas la chose, est convaincu de mensonge par suite d'une perquisition faite sur la demande du revendiquant. Il se fonde sur les termes de la loi 68 : « Qui « restituere jussus judici non paret *contendens non posse* « *restituere, si quidem habeat rem,* manu militari, offi-

« cio judicis, ab eo possessio transfertur, et fructuum
« duntaxat omnisque causæ nomine condemnatio fit. »
Dans ce système, il peut donc y avoir aliénation nécessaire du fonds dotal par la *litis æstimatio*, sauf dans le
cas où la reprise de possession est possible *manu militari*. M. Demangeat invoque dans ce sens la loi 3, § 2, *De
reb. cor.* : l'aliénation du fonds du pupille, résultant de la
litis æstimatio offerte par le défendeur, est valable parce
qu'elle n'est pas volontaire, *non sponte tutorum fit.*

Enfin, dans l'opinion la plus générale, la *manus militaris* peut être requise dans tous les cas. On trouve peu
conforme au génie pratique des jurisconsultes romains
d'avoir admis la translation de la possession dans un cas
où il faut faire des perquisitions chez le défendeur, tandis qu'ils l'auraient repoussée dans les cas où son application serait plus facile, le défendeur ne niant pas avoir
la chose revendiquée. Dans ce système, la *litis æstimatio*,
acceptée par le mari, ne peut jamais être considérée, à la
rigueur, comme une aliénation nécessaire. Cependant,
on admet que la loi Julia ne s'y applique pas, et on ré-
pond ainsi à l'argument tiré de la loi 3, § 2, *De reb. cor.*
La *manus militaris* n'a été admise qu'assez tard ; peut-
être est-ce une innovation d'Ulpien : donc jusque là, il y
avait une aliénation nécessaire par la *litis æstimatio.*
Lorsque la *manus militaris* fut admise, soit qu'on n'ait
commencé à l'appliquer que dans le cas où M. Demangeat
l'admet, et qu'on l'ait ensuite étendue aux autres cas,
soit qu'on l'ait appliquée d'une façon générale, on a con-
tinué à considérer les aliénations ainsi faites comme des
aliénations nécessaires au point de vue des mineurs, et
sans doute aussi de la loi Julia.

De ces trois opinions, il nous semble que celle de M. Demangeat est celle qui s'accorde le mieux avec les textes.

Citons encore comme exemple d'aliénation nécessaire le cas où l'immeuble apporté par la femme serait déjà hypothéqué à l'un de ses créanciers. Celui-ci ne souffrira pas de la constitution, et il pourra vendre l'immeuble (loi 19, *Qui potiores*). — De même, si la constitution de dot a été faite *in fraudem creditorum*, les créanciers pourront faire évanouir la dotalité et reprendre l'immeuble, pourvu que le mari soit *conscius fraudis* (loi 25, § 1, *Quæ in fraudem*). Si la femme seule était de mauvaise foi, les créanciers ne pourraient que la forcer à leur céder sa créance éventuelle en restitution.

Ce que nous avons dit jusqu'ici de l'aliénation doit être étendu à l'hypothèque. Les hypothèques nécessaires grèveront le fonds dotal malgré la loi Julia ; par exemple, l'hypothèque du fisc, et plus tard l'hypothèque légale des pupilles et des mineurs de vingt-cinq ans (loi 20, C., *De administr. tut.*, 5, 37 ; cf. loi un., § 1, C., *De rei ux. act.*, 5, 13).

III. En recherchant les personnes entre les mains desquelles la disponibilité du fonds dotal est restreinte, nous avons cité les ayants cause à titre universel du mari. L'aliénation *per universitatem* du fonds dotal compris dans la masse des biens du mari est permise, parce qu'elle n'a aucun inconvénient pour la femme. En effet, le fonds dotal reste inaliénable entre les mains de l'acquéreur, et, en outre, celui-ci est tenu d'en employer les revenus à l'entretien du ménage, si le mariage subsiste encore. Peu importe, d'ailleurs, que l'aliénation émane ou non d'un acte volontaire du mari.

Ainsi le mari meurt. Son héritier légitime ou testamentaire acquiert le fonds dotal en même temps que les autres biens de la succession (loi 1, § 1, *De fundo dot.*; loi 62, *De adquir. rer. dom.*). Il en est de même du *bonorum possessor* ou du fidéicommissaire; ils auront le fonds dotal *in bonis*, comme le reste de la succession, et ils arriveront par l'usucapion au *dominium ex jure Quiritium*. Nous avons aussi assimilé à l'héritier le fisc venant à la succession à la place d'un héritier indigne ou incapable (Ulp., F. 17, § 2; loi 31, pr., *Solut. matr.*).

Le mari devient esclave; par exemple, c'est un affranchi ingrat envers son patron ou un ingénu majeur de vingt-cinq ans qui s'est laissé vendre pour partager le prix (*Inst.*, § 1, *De capitis demin.*, 1,16), son maître acquiert tous ses biens, et, par suite, le fonds dotal (loi 2, pr., *De fundo dot.*).

Le mari est condamné à une peine entraînant *maxima* ou *media capitis deminutio*. Ses biens sont confisqués, et le fonds dotal avec eux (loi 2, § 1, *De fundo dot.*).

De même, lorsque le mari se donne en adrogation, le fonds dotal passe à l'adrogeant dans la masse des biens de l'adrogé (loi 41, *De adopt.*).

De même, lorsque le mari entre dans une société universelle, tous ses biens sont confondus en une seule masse avec ceux de ses associés; le fonds dotal devient ainsi commun (loi 65, § 16, et loi 66, *Pro socio*).

Enfin, si le mari subit la *venditio bonorum*, le fonds dotal est compris dans l'adjudication en bloc des biens du mari faite par les créanciers au plus offrant enchérisseur.

IV. Les dettes de la femme ont-elles quelque influence sur la condition du fonds dotal? Non, en mettant de côté le cas où le fonds est hypothéqué avant le mariage, et celui où la constitution a lieu *in fraudem creditorum*. Seulement, les dettes de la femme peuvent permettre la restitution anticipée de la dot (loi 85, *De jure dot.;* loi 20, *Solut matr.*). Si cette restitution n'a pas lieu, les créanciers qui feront la *venditio* des biens de la femme y comprendront son droit éventuel à l'action *rei uxoriæ*, et ce droit passera au *bonorum emptor* avec les biens non dotaux.

Lorsque la femme se trouve débitrice du mari à cause d'une dépense faite sur l'immeuble dotal, il faut distinguer selon que la dépense est *nécessaire, utile* ou *voluptuaire*. Les dépenses nécessaires sont celles qui ont empêché la perte de l'objet. Les dépenses utiles en ont augmenté la valeur. Enfin, les dépenses voluptuaires n'ont fait que le mettre au goût de la personne. Celles-ci, comme les dépenses d'entretien, ne sont jamais mises à la charge de la femme. Quant aux dépenses utiles, elles ne donnent pas une action au mari; mais quand il les a faites du consentement de la femme, il peut les déduire sur le montant de la dot qu'il doit restituer (loi 18, pr., *De fundo dot.;* loi 8, *De imp. in reb. dot. fact.*). Justinien supprime cette *deductio* et donne au mari l'action *mandati* ou *negotiorum gestorum contraria* (loi un., § 5, C. *De rei ux. act.*, 5, 13). Enfin, les dépenses nécessaires diminuent la dot *ipso jure* (loi 5, pr., et § 1, *De imp. in reb. dot. fact.;* loi 56, §3, *De jure dot.*). S'il y a dans la dot une somme d'argent, c'est sur elle que portera la diminution. S'il n'y a que des corps certains, la règle ne si-

gnifie pas qu'ils cesseront d'être dotaux proportionnellement à la somme dépensée ; le mari aura seulement
le droit de les retenir *pignoris loco,* tant que la dépense
ne lui est pas remboursée. Justinien ajoute que, si la
somme des dépenses successives égale la valeur des corps
certains, du fonds dotal par exemple, le fonds cesse
d'être dotal, et le mari le garde à titre de dation en
payement. Il y a donc là, au moins depuis Justinien,
une sorte d'aliénation nécessaire du fonds dotal.

§ 5. — *Sanction de l'inaliénabilité.*

L'aliénation du fonds dotal n'est permise au mari
qu'avec le consentement de sa femme ; mais ce consentement suffit pour la valider, quand même la dot serait
profectice. Le consentement du beau-père est absolument sans effet (loi 12, § 1, *De fundo dot.*).

I. Toute aliénation faite par le mari seul est nulle ;
mais il faut bien entendre quelle est la portée de cette
nullité. L'inaliénabilité n'existe qu'en faveur de la femme ;
c'est à la femme seule que la loi veut conserver le fonds
dotal (loi 3, § 1, *De fundo dot.*) : donc, toutes les fois que
la dot ne doit pas revenir à la femme, il ne peut être
question de nullité. Ainsi, la dot réceptice n'est pas soumise à la loi Julia. Le constituant qui a stipulé le retour de la dot à son profit ne peut se plaindre de l'aliénation du mari ; il n'est qu'un créancier ordinaire, et par
suite il n'a d'autre ressource que l'action Paulienne, si
l'aliénation est faite en fraude de ses droits. Il en est de
même du père de la femme qui reprend la dot profectice
quand la femme est morte, *in matrimonio.*

De même, lorsque le mari gagne la dot, qui n'est ni réceptice ni profectice, par la mort de la femme *in matrimonio*, l'aliénation qu'il aurait faite pendant le mariage est validée (loi 17, *De fundo dot.;* loi 42, *De usurpat.*). Qu'arriverait-il s'il avait revendiqué le fonds pendant le mariage, et qu'ensuite il gagnât la dot? M. Demangeat compare cette hypothèse à celle-ci : un homme vend sa chose et la livre sans avoir suivi la foi de l'acheteur ; jusqu'au payement, il reste propriétaire et peut revendiquer. Mais, même après cette revendication, la vente tient toujours et l'acheteur n'a qu'à payer le prix pour recouvrer la chose. On peut par analogie dire que la vente du fonds dotal sera confirmée par la mort de la femme *in matrimonio,* et, par suite, l'acheteur pourra réclamer le fonds par l'action *empti.* Cependant on peut contester cette assimilation ; d'abord, dans le cas du fonds dotal, la vente a été nulle pendant un certain temps, tandis que dans l'autre elle ne l'a jamais été; puis, le mari, en revendiquant, a montré qu'il voulait se servir de la nullité et retirer son consentement à la vente. Au contraire, le vendeur ordinaire a simplement voulu mettre son droit à couvert, sans toucher au contrat.

Nous avons vu d'autres cas de ratification en la personne du mari en expliquant les lois 9 et sq., *De fundo dot.*

Il peut aussi y avoir ratification de l'aliénation par la femme. La loi 50, *Solut. matr.*, assimile cette ratification au consentement. En voici des exemples, pris dans les textes :

Loi 13, § 4, *De fundo dot.* Le mari institue la femme héritière et lègue le fonds dotal. La femme fait adition ;

par là même, elle ratifie le legs. Seulement, il ne faut pas qu'elle souffre de son adition ; si donc, déduction faite des autres legs, il ne reste rien dans la succession, le legs sera non avenu ; s'il ne reste qu'une somme correspondant à une partie de la valeur du fonds dotal, le legs sera réduit proportionnellement, de façon que la femme ait toujours au moins l'équivalent du fonds.

Loi 1, § 13, *De dote prælegata*, 33, 4. Le mari lègue la dot à la femme en la chargeant de la restituer à un tiers. Le legs n'est pas soumis à la loi Falcidie, car l'avantage que la femme retire du legs (par exemple le droit de ne tenir aucun compte des droits réels concédés sur le fonds dotal par l'héritier du mari), et qui suffit pour valider ce *legatum debiti*, n'est pas réductible (loi 18, §, 1, *Ad leg. Falcid.*). Par suite, le fidéicommis est nul, parce qu'il a été imposé à une personne qui, à proprement parler, ne reçoit pas une libéralité. Mais si, en outre, le mari a légué quelque autre chose à la femme, et que celle-ci accepte ce legs, le fidéicommis pourra valoir jusqu'à concurrence de ce dernier legs, qui, d'ailleurs, sera soumis à la loi Falcidie.

Loi 77, § 5, *De legat.* 2°. Le mari qui a aliéné le fonds dotal fait un legs à la femme. L'acceptation du legs valide l'aliénation, et le tiers acquéreur sera protégé contre la femme par l'exception de dol. Dans l'espèce, le mari, outre le legs qu'il fait à la femme, grève à son profit l'acquéreur d'un fidéicommis du prix du fonds. Si la femme n'accepte pas le legs, le fiduciaire ne peut être tenu du fidéicommis, puisque, étant sous le coup de la revendication de la femme, il n'est pas propriétaire, et par conséquent ne doit pas le prix, ce qui rend le fidéicommis sans objet. Si, au contraire, la femme accepte le legs, elle ne pourra pas revendiquer le fonds, et l'acquéreur la forcera à se contenter du fidéicommis par l'exception de dol : l'intention du testateur est en effet considérée comme indivisible, le legs n'étant fait que pour engager la ⁓me à respecter l'aliénation et à se contenter du fi- ⁓mis.

II. Supposons une aliénation contraire à la loi Julia, et non validée ni ratifiée en quelque façon que ce soit. Par quelles personnes et à quelle époque pourra être invoquée la nullité? Tant que la restitution de la dot ne peut être exigée, l'action est au mari, qui revendiquera le fonds dotal entre les mains de l'acquéreur, et paralysera les exceptions tirées de la vente par une réplique indiquant la dotalité du fonds (loi 1, § 5, *De except. rei vendit. et trad.*). Si, à la restitution de la dot, le mari n'a pas encore exercé son action, il devra la transférer à la femme; s'il ne le fait pas, la femme sera autorisée à revendiquer comme si la cession lui eût été faite.

L'action prend donc naissance en la personne du mari. Cette idée découle naturellement des principes de la matière. Le mari qui a aliéné le fonds dotal contrairement à la loi Julia n'a pas cessé d'en être propriétaire; il peut donc le revendiquer. Quant à la femme, elle n'a pour réclamer la dot qu'une action personnelle ; seulement, à la restitution elle pourra exercer *utiliter* la revendication née du chef du mari, en vertu d'une cession réelle ou sous-entendue. Cela est confirmé par la loi 7, § 5, *De legat.*-2°. Après la mort du mari, la femme attaque la vente du fonds dotal et la fait rescinder, *mulier venditionem irritam facit*. Ces expressions montrent bien qu'elle n'a pas la revendication de son chef; car, si elle l'avait, elle n'aurait pas à faire tomber la vente, elle n'aurait qu'à dire : c'est pour moi *res inter alios acta.*

Il faut étendre ce que nous dirons de la revendication à toute autre action réelle qu'aurait le mari pour réclamer le fonds dotal. Si, par exemple, il avait seulement le fonds *in bonis,* ou s'il le possédait de bonne foi, il a pour le recouvrer la Publicienne, et c'est elle qu'il doit céder à la femme au moment de la restitution de la dot; de même pour l'action confessoire ou négatoire, s'il s'agit d'une servitude que le mari a perdue, ou dont il a grevé le fonds dotal.

Lorsque le droit à la revendication est acquis à la femme par l'ouverture de son action *de dote,* il passe à son héritier en même temps que l'action personnelle (loi 3, § 1, et loi 13, § 3, *De fundo dot.*). Peu importe d'ailleurs que celle-ci soit l'action *rei uxoriæ* ou la *condictio sine causa.* Nous avons vu en effet au § 2 que dans tous les cas la femme peut invoquer l'inaliénabilité ; elle doit par conséquent pouvoir transmettre ce droit à son héritier (V. loi 50, pr., *De jure dot.*). Donc, pour savoir quand l'héritier de la femme pourra invoquer l'inaliénabilité du fonds dotal, il faut connaître les cas de transmission de l'action personnelle. Nous les avons déjà énumérés au commencement de ce travail. Si la femme a stipulé du mari la restitution de la dot, l'action *ex stipulatu* passe sans difficulté à son héritier, et avec elle le droit d'attaquer l'aliénation contraire à la loi Julia. S'il n'y a pas eu de stipulation, l'action *de dote,* née en la personne de la femme, n'est transmise par elle à son héritier que si, avant de mourir, elle a mis en demeure le mari ou son héritier (Ulp. F. 6, § 7; Vat. Fr., 95 et 97).

A cette règle il faut faire une restriction raisonnable. L'inaliénabilité est dans l'intérêt de la femme. Si donc l'aliénation a eu lieu après la mort de la femme, l'héritier ne peut l'attaquer; il n'obtiendra par l'action personnelle que la valeur de l'immeuble.

En résumé, lorsque l'héritier succède à l'action en restitution de la femme, il succède en même temps à la revendication qu'elle aurait pu exercer en vertu de la loi Julia. Nous savons au contraire que le *privilegium inter personales actiones* n'est pas transmissible aux héritiers (loi 1, C., *De priv. dot.* 7, 74).

§ 6. — *De l'imprescriptibilité du fonds dotal.*

La défense d'aliéner entraîne nécessairement l'imprescriptibilité. Paul exprime très-bien cette corrélation entre l'aliénation et la prescription dans la loi 28, pr., *De verb. sign.* : *Alienationis verbum etiam usucapionem continet; vix est enim ut non videatur alienare qui patitur usucapi.*

Il en résulte que l'imprescriptibilité doit avoir la même étendue que l'inaliénabilité. Ainsi, lorsque l'immeuble dotal est transféré au fiancé, il est imprescriptible même avant le mariage. De même après le mariage, l'imprescriptibilité comme l'inaliénabilité, dure jusqu'à la restitution, que l'immeuble soit entre les mains du mari divorcé, ou de ses héritiers, ou du fisc.

Tout ce qui est inaliénable est imprescriptible. La loi 28, pr., *De verb. sign.*, applique cela d'une façon générale aux servitudes : *Eum quoque àlienare dicitur, qui non utendo amisit servitutes.* Cf. loi 3, § 5, *De reb. cor.* Dans notre titre, les lois 5 et 6 développent cette idée.

On distingue entre les servitudes rustiques et les servitudes urbaines : les premières sont celles qui se conçoivent indépendamment de toute idée de construction; les autres, au contraire, rappellent toujours l'idée d'une construction. Les servitudes rustiques consistent *in faciendo;* les servitudes urbaines, *in habendo* ou *in prohibendo.* De là une différence importante au point de vue de la prescription : lorsque le maître du fonds jouissant d'une servitude *in faciendo* n'exerce pas son droit pendant deux ans, la servitude est éteinte *non utendo.* Au contraire, pour les servitudes urbaines, la simple inaction du propriétaire dominant ne suffit pas; il faut encore que le propriétaire du fonds servant fasse pendant deux ans des actes positifs contraires à la servitude; cette *usucapio libertatis* n'a pas besoin de juste titre ni de bonne foi.

Lorsqu'une servitude rustique appartient au fonds dotal, l'extinction *non utendo* est impossible (loi 5, *De fundo dot.*). C'est une dérogation au droit commun d'autant plus remarquable, que ce mode d'extinction est très-favorable. Ainsi en général la servitude est éteinte quand même l'inaction serait indépendante de la volonté du propriétaire du fonds dominant (loi 19, § 1, *Quemadm. servit. amitt.;* loi 34, § 1; loi 35, *De servit. præd. rust.*). En matière de donations entre époux, malgré la prohibition de la loi, l'inaction de l'époux propriétaire du fonds dominant entraînera l'affranchissement du fonds servant appartenant à l'autre époux; seulement, le donateur pourra réclamer par une *con-*

dictio ob injustam causam, ou le rétablissement de la servitude, ou une indemnité (loi 5, § 6, *De donat. inter vir. et ux.* Cf. loi 3, § 10, *ibid.*). Pourquoi n'a-t-on pas fait la même chose dans notre matière? C'est que la perte aurait été irréparable, la femme ne pouvant pas avoir une *condictio* contre le tiers propriétaire du fonds affranchi.

S'il s'agit d'une servitude urbaine, l'*usucapio libertatis* sera sans effet; bien qu'il y ait ici un effort du propriétaire du fonds servant pour recouvrer sa liberté, la loi Julia empêche qu'on n'en tienne aucun compte.

Quant aux servitudes que le voisin aurait acquises sur le fonds dotal au moyen de la quasi-possession que le préteur reconnaît en général, elles ne seront pas maintenues, parce que le préteur ne protège personne contre une disposition formelle de la loi (loi 12, § 4, *De public. in rem. act.*).

L'usucapion du fonds dotal ne peut pas commencer pendant le mariage, soit que le possesseur tienne le fonds du mari, soit qu'il le tienne d'un tiers. Lorsque l'aliénation émane du mari, l'imprescriptibilité existe pour deux motifs. D'abord la dotalité du fonds est par elle-même un obstacle à l'usucapion. En ce sens, la loi 42, *De usurp.,* compare le fonds dotal à la chose furtive; dans les deux cas, l'usucapion est empêchée par le vice même de la chose. De plus, la possession du tiers acquéreur n'a pas de juste cause, le contrat de vente ou d'échange, etc., étant frappé de nullité par la loi Julia. Lorsque l'aliénation émane d'un tiers, l'imprescriptibilité n'a plus qu'un motif, la dotalité du fonds.

Peu importe aussi la bonne ou la mauvaise foi du pos-

sesseur : *ubi lex inhibet usucapionem, bona fides possi-
denti nihil prodest* (loi 24, pr., *De usurp.*).

L'usucapion étant impossible, il faut refuser au possesseur du fonds dotal l'action Publicienne ou la confessoire utile, s'il s'agit d'une servitude quasi-possédée,
tout en lui accordant l'exercice des interdits posses-
soires (loi 1, § 10, *De vi*) et quasi-possessoires. La loi 12,
§ 4, *De public. in rem act.*, donne le motif du refus de
l'action : *Si res talis sit ut eam lex aut constitutio alienari
prohibeat, eo casu Publiciana non competit, quia his ca-
sibus neminem prætor tuetur, ne contra leges faciat.*
Evidemment, l'inaliénabilité du fonds dotal rentre dans
ces cas prévus par une loi ou une constitution. D'ailleurs, il y a un motif de plus pour refuser la Publicienne:
quand le préteur l'accorde, il suppose accompli le délai
de l'usucapion ; mais les autres conditions doivent être
remplies réellement : or ici une de ces conditions manque. Au contraire, on laisse au possesseur le droit de se
protéger par l'interdit contre les troubles provenant
même du mari ou de la femme, parce qu'ici la question
de dotalité n'est pas soulevée.

L'imprescriptibilité est liée à l'inaliénabilité ; donc
toutes les fois que celle-ci n'existe plus, l'autre cesse
aussi. Ainsi, dans le *damnum infectum* le voisin *jussus
possidere* reçoit *in bonis* le fond dotal, et arrive par l'usucapion au *dominium ex jure Quiritium*. De même le *bonorum possessor*, ou le fidéicommissaire, qui reçoit la
succession du mari, acquerra par l'usucapion la propriété du droit civil, même sur le fonds dotal.

Lorsque le fonds devenu dotal par la mancipation ou
la *cessio in jure* faite au mari est entre les mains d'un

tiers qui le possède *ad usucapionem* dès avant la constitution de dot, la possession utile continue à courir malgré la dotalité du fonds, et le tiers usucapera, si le mari ne revendique pas à temps (loi 16, *De fundo dot.*). Pourquoi dans ce cas l'inaliénabilité et l'imprescriptibilité ne marchent-elles plus ensemble? M. de Savigny dit que c'est parce que l'usucapion provient ici d'une simple omission du mari, non d'une aliénation qu'il aurait faite. C'est une mauvaise raison, car l'usucapion peut commencer pendant le mariage autrement que par le fait du mari, et cependant il est certain qu'elle est alors impossible (loi 28, pr., *De verb. oblig.*). La vraie raison, c'est que la dotalité n'est pas une cause d'interruption de l'usucapion; elle peut bien empêcher une usucapion de commencer, elle ne peut pas l'interrompre. Il n'y a en effet à Rome d'autre interruption possible de l'usucapion que la perte de la possession.

Il faut étendre la loi 16, *De fundo dot.*, à l'*usucapio libertatis* d'une servitude urbaine commencée avant la constitution en dot du fonds dominant. Quant aux servitudes rustiques, le non usage qui n'aurait pas duré deux ans avant le mariage ne servirait de rien, parce qu'il n'y a pas ici de droit acquis pour le propriétaire du fonds servant.

A la restitution de la dot, le mari répondra des usucapions qu'il a négligé d'arrêter par la revendication. Il faut cependant pour cela qu'on ait quelque chose à lui reprocher; si, au moment de la constitution de dot, le délai de l'usucapion était près de s'accomplir, on ne peut pas lui reprocher de n'avoir pas revendiqué, et par conséquent il ne sera pas responsable de la perte.

En terminant ce paragraphe, nous pouvons citer une étrange conséquence que Cujas voulait tirer de l'imprescriptibilité du fonds dotal; il prétendait en conclure que l'usucapion *pro dote* du mari est impossible, quand il s'agit d'un immeuble. Le texte de Gaïus, ii, 63, réfute suffisamment cette assertion.

§ 7. — *Droit de Justinien.*

Sous Justinien, nous trouvons dans notre matière des changements qui se rapportent, soit aux progrès du droit commun, soit à des innovations spéciales à la théorie de la dot.

D'abord, quant à la constitution, les anciennes formes ont disparu ou se sont transformées. Il n'y a plus de *res mancipi* ou *nec mancipi*; on n'a besoin que de la tradition, s'il s'agit d'une propriété à transférer. Si la dot doit consister dans une obligation ou une libération au profit du mari, on se servira de la stipulation qui a perdu ses formes solennelles (loi 10, C., *De contrah. et committ. stip.* 8, 38), ou même du simple pacte (loi 6, C., *De dotis prom.*, 5, 11).

L'immeuble inaliénable peut être aussi bien un fonds provincial qu'un fonds italique; toute distinction entre ces deux classes de fonds a disparu.

Quant à la restitution, il n'est rien changé aux règles de la dot profectice et de la dot réceptice. Mais la dot adventice n'est plus gagnée par le mari, quand la femme meurt *in matrimonio*. Jutinien suppose toujours une convention tacite de restitution au profit de la femme, et substitue ainsi l'action *ex stipulatu* à l'ancienne ac-

tion *rei uxoriæ*. Seulement, les époux peuvent convenir
expressément du contraire (loi 1, § 6, C., *De rei ux. act.*).
— Une conséquence de cette innovation, c'est que les
héritiers de la femme succèdent à l'action *ex stipulatu*
sans qu'il soit désormais nécessaire que la femme, avant
de mourir, ait mis le mari en demeure.

L'innovation capitale de Justinien porte sur les sûretés
de la restitution, et cela a des conséquences très-importantes dans notre matière.

En 529, Justinien, se fondant sur un certain domaine
naturel resté à la femme malgré la solvabilité du droit
civil, lui donne une hypothèque privilégiée (*omnem
prærogativam*) sur les choses dotales meubles ou immeubles, estimées ou non estimées (loi 30, C., *De jure dot.*,
5, 12). Ainsi l'hypothèque porte sur tous les objets apportés en dot, quand même ils ne seraient pas à proprement parler dotaux. Par exemple, les objets estimés ne
sont pas dotaux, leur estimation seule est dotale, et cependant ils sont atteints par l'hypothèque priviligiée.
On peut même conclure de la loi 12, § 1, C., *Qui potiores*,
que l'hypothèque frappe les objets achetés avec de l'argent dotal. — Le tiers qui achète du mari les meubles
dotaux ou les immeubles estimés ne les acquiert que
salvo jure hypothecæ, à moins que la femme n'ait con-
couru à la vente, ou renoncé autrement à son hypothèque (loi 1, § 15, *De rei ux. act.*, 5, 13).

Quelle peut être l'utilité de l'hypothèque privilégiée
qui porte sur l'immeuble dotal, cet immeuble ne pouvant en aucune façon être hypothéqué par le mari? Sans
doute l'hypothèque conventionnelle est défendue; mais
des hypothèques légales peuvent frapper tous les biens

du mari, et par conséquent l'immeuble dotal ; par exemple, l'hypothèque légale du pupille ou du mineur de vingt-cinq ans, dont le mari a été tuteur ou curateur (loi 20, C., *De administ. tut.*, 5, 37). La constitution de 529 est venue protéger la femme contre ces hypothèques. — De même, au cas d'aliénation nécessaire du fonds dotal, l'hypothèque donne à la femme un droit de suite contre l'acquéreur ou ses ayants cause.

Outre cette sûreté, Justinien tire de la prétendue propriété de la femme une conséquence plus remarquable encore, et, en un certain sens, contradictoire avec l'hypothèque : un droit de revendication. Cette revendication ne peut porter que sur les choses dotales qui existent encore dans le patrimoine du mari à la dissolution du mariage. Il est évident en effet que le mari étant propriétaire (subtilement, dit Justinien) a pu valablement aliéner. Ainsi, s'il aliène seul un meuble dotal, pas de revendication, mais l'hypothèque privilégiée persiste. Si c'est un immeuble aliéné avec le consentement de la femme, la revendication et l'hypothèque disparaissent toutes les deux. Enfin, si l'immeuble est aliéné *ex causa necessaria*, la revendication disparaît, l'hypothèque reste. Quant aux objets estimés, on peut discuter. L'hypothèque survit sans doute à l'aliénation ; mais la revendication n'a pas de base, car ce qui est dotal, même avant l'aliénation, c'est une somme d'argent. Cependant les mots *in hujus modi rebus* semblent bien renvoyer à l'énumération du commencement de la loi 30, où les choses estimées sont citées.

Cette innovation a-t-elle complétement transformé le droit de la femme sur sa dot, et lui a-t-elle donné une

véritable propriété? Evidemment non. L'existence seule
de l'hypothèque privilégiée le prouve. Quant à la revendication, c'est un surcroît de protection contre les créanciers du mari, non contre les acquéreurs des choses alié-
nables ; ce n'est à proprement parler qu'une extension,
un complément de l'action hypothécaire, au cas où les
objets grevés de l'hypothèque sont encore entre les
mains du mari. En d'autres termes, à la restitution de
la dot, Justinien sous-entend une retranslation de propriété, un constitut possessoire, mais voilà tout.

Le mari est donc encore sous Justinien propriétaire
de la dot, et les conséquences de cette propriété conti-
nuent à se produire, sauf l'application de la loi Julia
et de notre loi 30. Ainsi, pour citer un exemple pris
dans notre titre, l'extinction des servitudes par confusion aura lieu dans les cas indiqués par la loi 7, *De fundo
dotali*.

Justinien ne se contente pas de l'hypothèque sur les
biens dotaux. En 530, il donne à la femme une hypothèque générale sur tous les biens du mari (loi 1, § 1,
De rei ux. act., 5, 13).

De ces deux dispositions, hypothèque privilégiée sur
les biens dotaux et hypothèque générale sur les biens
du mari, dérive la défense d'aliéner le fonds dotal,
etiam volente uxore. En effet, si la loi Julia eût conti-
nué à s'appliquer, le consentement de la femme à l'aliénation lui eût fait perdre son hypothèque privilégiée.
Sans doute il lui reste l'hypothèque générale ; mais il
se peut que le mari n'ait pas de biens personnels ; il se
peut aussi que ses biens soient grevés d'hypothèques antérieures au mariage. Justinien décide alors que la femme

ne peut pas renoncer à son hypothèque privilégiée sur
le fonds dotal, tandis qu'elle peut renoncer à celle qui·
porte sur les immeubles estimés et les meubles dotaux
(loi 1, § 15, C., *De rei ux. act.*). Par suite, le consentement
à la vente, qui entraînerait nécessairement cette renonciation, sera sans effet. C'est là un résultat analogue à
celui que le sénatus-consulte Velléien a amené quant
au droit d'hypothéquer le fonds dotal.

Enfin, en 531, la loi *Assiduis* (loi 12, C., *Qui potiores*)
vint attacher un privilège à l'hypothèque générale de la
femme sur les biens du mari. Mais ceci n'a plus de rapport avec l'inaliénabilité.

Ainsi la loi Julia est gravement modifiée par la légis-
lation de Justinien. L'aliénation, comme l'hypothèque,
est nulle, qu'elle soit faite par le mari, avec ou sans le
concours de la femme. Les compilateurs du Digeste ont
corrigé dans ce sens plusieurs fragments; mais d'autres
ne s'expliquent que sous l'empire de la loi Julia, par
exemple, la loi 12, § 1, *De fundo dot.*, la loi 32, *De jure
dotium,*˙etc.

Il ne faut pourtant pas exagérer l'innovation. Ainsi la
femme pourra encore après la dissolution du mariage
ratifier l'aliénation, comme nous l'avons vu à notre § 5
(loi 13, § 4, *De fundo dot.*, loi 1, § 13, *De dote prœleg.*). En
effet, quand le droit au recouvrement de la dot est ou-
vert, rien ne s'oppose à ce que la femme y renonce en
tout ou en partie.

Ce n'est pas encore là le dernier état du droit de Justinien. Dans la loi 22, C. *Ad. s.-c. Vell.*, il décidait que
l'*intercessio* faite par la femme contrairement au sénatus-
consulte Velléien est validée, quand elle est renouvelée

au bout de deux ans. La Novelle 61 considère le consentement donné par la femme à l'aliénation, aussi bien qu'à l'hypothèque du fonds dotal, comme une *intercessio*, et elle lui applique la règle de la loi 22. Le texte parle d'abord de la donation *ante* ou *propter nuptias* ; mais il ajoute : « Atque hæc multo magis in dote obtineant, si quædam de dote alienaverit, vel pignori obligaverit (§ 3, *in fine*). » Ainsi donc l'aliénation et l'hypothèque du fonds dotal, faites *volente uxore*, peuvent valoir, par une confirmation de la femme au bout de deux ans ; à cela il y a une condition, c'est que le mari ait d'autres biens suffisants pour désintéresser la femme.

Il semble que la Novelle 134, ch. 8, soit encore venue modifier cela quant à l'hypothèque. Lorsque la femme s'oblige pour le mari qui contracte un emprunt, cette *intercessio* est nulle et ne peut être confirmée, à moins que la femme n'ait profité de la somme empruntée. Mais il est plus probable que cela ne s'applique qu'aux *intercessiones* autres que l'hypothèque : en effet, pour celle-ci la Novelle 61 protège suffisamment la femme, en exigeant, outre la confirmation, la solvabilité du mari.

Quant à l'imprescriptibilité, rien n'est changé. Tant que le fonds est inaliénable, il est imprescriptible, comme sous l'empire de la loi Julia. Ainsi, après la dissolution du mariage, l'imprescriptibilité persiste jusqu'à la restitution effective de la dot. On a cru pendant longtemps que la loi 30, C., *De jure dot.*, modifiait cette règle. Ce texte dit en effet : « Omnis exceptio... mulieribus ex eo tempore opponatur, ex quo possint actiones movere. » Et quand les femmes ont-elles l'exercice de leurs actions en restitution ? A la dissolution du mariage ou à la déconfiture du mari. Donc, dans l'intervalle qui court entre l'ouverture du droit à la restitution et le fait de la restitution, l'imprescriptibilité cesse, quoique l'inaliénabilité persiste. — Pour repousser cet argument, il suffit de remarquer que Justinien parle de la dot en général, non de l'immeuble dotal. Il dit que l'action *ex stipulatu* (*rei uxoriæ*), l'action hypothécaire privilégiée sur les objets dotaux, et même la revendication, seront prescrites par trente ans, quarante ans, ou un an à partir de la dissolution du mariage ou de la déconfiture du mari (loi 3, loi 7, § 1, loi 8 pr., *De præscript*. 30 *vel* 40 *ann*, 7, 39; loi *un.*, C. *de usurp. transf.*, 7, 31). Mais, quant au fonds dotal, la *præscriptio longi temporis* ne peut commencer qu'au moment où l'inaliénabilité cesse, c'est-à-dire à la restitution.

Si la prescription a commencé avant le mariage, elle continue à courir comme dans l'ancien droit (loi 16, *De fundo dot.*). Seulement, comment l'hypothèse peut-elle se présenter sous Justinien, puisque la tradition est le seul moyen de transférer la propriété? Il faut supposer que la femme est convenue de donner (*dare destinavit*) le fonds à titre de dot, ou a constitué le mari *procurator in rem suam* pour exercer la revendication.

DROIT FRANÇAIS.

———◦◦◦≡◦◦◦———

DE L'IMPRESCRIPTIBILITÉ DU FONDS DOTAL.
(Code Nap., art. 1560, 1561, 2255.)

———————

PRÉLIMINAIRES.

I. La Gaule, conquise par César dans un état de demi-
civilisation, se transforma complétement, et devint bientôt la province la plus romaine de l'empire. Le vieux droit
disparut en entier pour faire place au droit romain. Le
régime dotal passa donc en Gaule, et avec lui l'inaliénabilité, du moins pour les fonds qui avaient reçu le *jus italicum*. A la conquête germanique, le droit romain suivi
en Gaule est celui du Code Théodosien. L'inaliénabilité du
fonds dotal est devenue le droit commun, et le Bréviaire
d'Alaric la consacre. Plus tard, les compilations de Justinien pénètrent en Gaule, et le *Liber Petri*, composé à

Valence vers le 11ᵉ siècle, résume ainsi la pratique de son temps :

« Maritus dotem alienare potest, si mobilis sit, etiam sine
« consensu uxoris, æstimatione tamen reddenda uxori ;
« si vero immobilis, et si æstimata data fuit viro, similiter
« eam alienare potest, sive consentiente uxore, sive non,
« æstimatione tamen reddenda uxori. Idem et de mobili
« æstimata judicandum esse probatur a majori. Sin au-
« tem sit immobilis inæstimata, non potest eam alienare
« maritus, sine consensu uxoris ; nec sufficit solus con-
« sensus, sed opus est ut post biennium alienationem uxor
« confirmet, et de aliis rebus mariti compensationem ha-
« beat. »

C'est là le plus pur droit de Justinien, d'après la Novelle 61.

Cependant, au nord de la Gaule, le droit romain avait
peu à peu perdu toute autorité. Toute la théorie des
droits de famille avait été modifiée sous l'influence des
idées germaniques. L'autorité domestique n'était plus
fondée sur l'idée de puissance, mais sur l'idée de protection ; la femme ne devenait plus la fille du mari,
comme dans l'ancien droit romain, ni son égale en indé-
pendance comme dans le droit plus récent ; elle passait
sous sa protection, sous son *mundium*. Quant aux biens,
outre la dot et le *morgengabe*, la femme était appelée à
partager les fruits du travail commun (*quod simul colla-
boraverunt*): c'est le premier germe du régime de communauté.

Voilà donc deux régimes en présence : au nord la communauté, qui naît de l'esprit d'association des races germaniques ; au midi le régime dotal, qui sépare les époux

et protége la femme par une incapacité toujours crois-
sante.

II. A la renaissance du droit romain, les jurisconsultes
des écoles italiennes étudient les textes du Digeste et du
Code, sans aucun sentiment de critique historique; ils
se prennent d'un grand amour pour la loi Julia et en ti-
rent des conséquences inimaginables. Ce mouvement se
transmet à la France méridionale, où le principe de conservation, qui est l'essence du régime dotal, est poussé
peu à peu jusqu'à ses dernières limites. C'est ainsi que
la dot mobilière est déclarée inaliénable, conformément à
loi Julia. Les Parlements ne firent que développer les
conséquences de ces doctrines, et, malgré des divergences
sur les questions de détail, ils s'accordèrent dans une jurisprudence à peu près unanime quant aux principes.
Voici comment la résume Argou dans ses Institutions au
droit français, publiées à la fin du XVIIᵉ siècle : « Le mari
est le maître de la dot de sa femme ; mais ce n'est qu'une
propriété très-imparfaite, car elle ne dure qu'autant que
le mariage. Par la loi Julia il était défendu au mari d'a-
liéner la dot sans le consentement de la femme; mais
aujourd'hui la femme ne peut pas consentir que sa dot
soit aliénée ou hypothéquée en aucune manière, si ce
n'est dans les pays de Lyonnais, Forez, Beaujolais et Mâconnais, dans lesquels, pour faciliter le commerce, le
roi a permis aux femmes de s'obliger pour leur mari, et
pour cela d'engager ou aliéner leur dot, soit qu'elle consiste en meubles, soit qu'elle consiste en immeubles. (1) »
Ainsi le mari est encore appelé maître, propriétaire de la

_____

(1) Tome II, p. 78.

dot, comme en droit romain. C'est en effet ce qui ressort des décisions des parlements citées par M. Tessier dans ses *Questions sur la dot*, n°s 28 F, 29 C, 30 A, 31 B. Mais, à côté de cette propriété purement civile du mari, on reconnaît en général une propriété naturelle et véritable conservée par la femme. Au fond, cette distinction est peu importante quant à l'étendue de l'inaliénabilité, qui est la même, sous quelque rapport qu'on l'envisage.

Quant à l'inaliénabilité de la dot mobilière, on a contesté qu'elle fût admise par tous les parlements de droit écrit. Du moins il est certain que la jurisprudence de tous ces parlements y tendait. Bien plus, à bien consulter les auteurs anciens, on s'aperçoit que les restrictions qu'ils font à l'inaliénabilité de la dot mobilière s'expliquent par les faits de l'espèce soumise aux parlements. C'est ce que M. Tessier (1) et M. Pont (2) ont prouvé contre l'opinion de M. Troplong.

Le Parlement de Toulouse décidait que la femme ne peut, sans l'assistance de son mari, céder ses actions ou obligations dotales. Les dettes de la femme contractées pendant le mariage ne pouvaient, en principe, être exécutées sur la dot, même après la séparation de biens. La femme séparée ne pouvait pas même toucher les sommes dotales sans fournir emploi ou caution. Enfin la femme ne pouvait faire de donation entre-vifs de sommes dotales à des collatéraux ou à des étrangers.

(1) *Questions sur la dot*, n° 92 et sq.
(2) *Journal du Palais*, 1852, ii, p. 513.

Ainsi, en Languedoc, l'inaliénabilité de la dot mobilière s'adresse surtout à la femme ; le mari a au contraire un très-grand pouvoir sur cette dot ; on peut même dire qu'il a le droit d'en disposer comme propriétaire, non comme administrateur. En effet, Serres rapporte un arrêt du 11 août 1705, qui valide une transaction faite par le mari sur les droits appartenant à la femme ; mais il n'en faut pas tirer une conclusion trop absolue. En effet, à cette époque, la transaction n'était pas encore considérée rigoureusement comme une aliénation.

A Bordeaux, l'inaliénabilité est aussi étendue contre la femme, et elle touche même le mari, qui ne peut pas aliéner les choses non fongibles ni périssables.

En Provence, la défense d'aliéner était absolue quant à la femme. On n'admettait même pas la prescription des créances dotales pendant le mariage ; si le mari se trouvait insolvable à la restitution, les débiteurs n'étaient pas libérés.

A Grenoble, la femme et ses héritiers pouvaient faire annuler l'aliénation de meubles faite par le mari.

En Auvergne et dans la Marche, la coutume avait admis le droit de Justinien d'après la Novelle 61. L'aliénation est défendue en principe ; seulement, si, à la dissolution du mariage, la femme ou ses héritiers trouvent dans les biens du mari une indemnité suffisante, le droit de demander la révocation s'éteint par l'écoulement de l'an et jour à partir de la mort du mari.

De la coutume d'Auvergne nous pouvons rapprocher la coutume Normande. Le principe est l'aliénabilité ; mais l'aliénation n'est permise qu'avec remploi. De plus, si, à la dissolution du mariage, les biens du mari sont insuffisants pour récompenser la femme, elle a le droit de s'adresser subsidiairement aux tiers détenteurs, qui peuvent encore garder l'immeuble en offrant d'en payer le prix.

Enfin, dans le Lyonnais, le Forez, le Beaujolais et le Mâconnais, l'inaliénabilité a existé jusqu'à la déclaration de 1664; mais, comme elle elle nuisait au commerce, elle était vue avec défaveur. De là la déclaration du 21 avril 1664, qui l'abolit, même pour la dot immobilière.

En résumé, la dot mobilière est inaliénable quant à la femme, sauf dans les pays de droit écrit ressortissant du parlement de Paris, pour lesquels l'autorité législative avait tranché la question dans le sens de l'aliénabilité. Quant au mari, il a partout des pouvoirs très-étendus, surtout dans le parlement de Toulouse. Il est facile de voir comment M. Troplong a pu en conclure l'aliénabilité des meubles dans l'ancien droit. Il admet en effet cette aliénabilité sous le Code Napoléon, tout en donnant au mari un droit de disposition très-étendu. Retrouvant ce droit de disposition dans l'ancienne jurisprudence, il a cru pouvoir y trouver aussi le principe d'aliénabilité quant à la femme.

III. — Les romanistes du droit écrit s'ingénient à retrouver tout cela dans le droit romain.

Et d'abord ils veulent y voir que le mari n'est pas seul propriétaire de la dot, et que la femme a sur ses biens dotaux une véritable propriété, dont l'exercice seul lui est enlevé. Nous avons vu dans notre thèse latine que même sous Justinien le mari est seul propriétaire de la dot; l'empereur dit que cette propriété est une subtilité

— 73 —

des jurisconsultes, mais il n'y déroge pas: il ne fait qu'augmenter les sûretés de la restitution. Au contraire, Fontanella, Doneau, Perezius, Domat, etc., soutiennent que la femme était seule véritablement propriétaire, et que ce qu'on appelle propriété du mari n'est qu'un droit de jouissance et d'administration très-étendu. Cujas, de Luca, le président Favre ne vont pas si loin et, laissant à la femme le domaine utile, naturel, direct de la dot, ils ne donnent au mari qu'une propriété civile, purement quiritaire. Il semble que les jurisconsultes sur lesquels ne pesait pas la pratique du droit écrit aient seuls jugé sainement la doctrine romaine. En effet, Vinnius et Voëtius, deux Flamands, reconnaissent parfaitement la propriété complète du mari. De même chez nous Pothier et Dumoulin disent que le mari romain était propriétaire de la dot. « Par le droit romain, dit Pothier (1), la femme transférait à son mari la propriété de ses biens dotaux, à la charge de la restitution qui devait lui en être faite à la dissolution du mariage. Le mari durant le mariage en était le véritable propriétaire... La femme durant le mariage était plutôt créancière de la restitution de ses biens dotaux qu'elle n'en était propriétaire. C'est en conséquence de cette créance, c'est par rapport à cette restitution et en considération de cette restitution qui devait lui être faite un jour de la dot, que la dot est appelée quelquefois dans les textes de droit le bien et le patrimoine de la femme. » — « Non enim apud nos (en droit coutumier), dit Dumoulin (2), maritus est dominus pro-

(1) *Traité de la puissance du mari*, n° 80.
(2) *Coutume de Paris*, des Fiefs, § 1, n° 73.

priorum, sicut in terminis juris (romani), matrimonio constante, dominus est dotis. »

Quant à l'inaliénabilité de la dot mobilière, Bartole et presque tous les interprètes antérieurs à Cujas prétendent la trouver dans la Novelle 61, ch. 1, § 3. C'est l'opinion de Wesenbach, Baldus, Novellus, Perezius, Gregorius Tolosanus, etc... Suivant eux, le mari ne peut aliéner que les meubles fongibles, ceux qui se consomment par l'usage et ceux qui ont été estimés; les autres sont inaliénables. Nous avons déjà cité le texte de la Novelle dans notre thèse latine. Justinien, après avoir défendu au mari d'aliéner ou d'hypothéquer les immeubles compris dans la donation *propter nuptias*, valide ces actes de disposition, si la femme les confirme au bout de deux ans, pourvu toutefois que le mari ait assez de biens pour désintéresser complétement la femme. La Novelle ajoute : « Atque hæc multo magis in dote obtineant, si quædam de dote alienaverit vel pignori obligaverit, etc. » C'est sur les mots *in dote, de dote,* qu'on s'appuyait pour prétendre que la Novelle 61 s'appliquait même aux meubles dotaux, puisque Justinien s'était servi d'une expression générale. Mais il est bien plus naturel de restreindre ces expressions aux immeubles dotaux; en effet, la Novelle, parlant d'abord de la donation *propter nuptias*, ne s'occupe que des immeubles compris dans cette donation. Nous avons déjà vu que le *Liber Petri* avait ainsi compris ce passage, et probablement il ne faisait qu'exprimer par là la pratique de son temps. L'authentique *sive a me* n'applique aussi la Novelle qu'aux immeubles dotaux.

On a essayé de faire sortir l'inaliénabilité de la dot mobilière de la loi 30, C., *De jure dot.*, ou tout au moins de montrer que la revendication que Justinien donne à la femme dans cette constitution équivaut à l'inaliénabilité. Il nous suffit de renvoyer sur ce point à notre thèse latine, où nous avons admis, avec M. Demangeat, que Justinien a simplement sous-entendu un constitut possessoire au profit de la femme, lorsque les objets dotaux existent encore en nature dans le patrimoine du mari, à la restitution de la dot.

IV. Le Code Napoléon, tout en établissant la communauté comme régime de droit commun, a admis le régime dotal; nous verrons bientôt dans quelle mesure. Depuis cette époque on a beaucoup écrit pour ou contre l'inaliénabilité, qui est l'essence du régime dotal, et l'esprit local et la routine ont trop souvent influé sur ces jugements. Pour nous, nous aimons aussi peu les attaques ampoulées du tribunal de Montpellier contre la communauté que les récriminations un peu aigres de certains auteurs modernes contre le régime dotal. Nous pensons que la vérité et la justice se trouvent entre ces deux exagérations.

Les partisans à outrance de la communauté partent d'une idée très-juste; c'est que, le mariage unissant les personnes, il est naturel et conforme à l'esprit de cette union que les biens et les intérêts des époux soient aussi confondus. Mais encore faudrait-il pour cela que les deux époux fussent parfaits, et c'est parce que cette perfection, même dans les limites où elle est possible, n'existe pas toujours, que la loi a permis de stipuler un régime où les patrimoines restent séparés. D'ailleurs, l'intimité qui résulte de la communauté n'est pas si complète qu'on veut bien le dire; l'esprit du régime le montre suffisamment.

On met dans la communauté les meubles, c'est-à-dire ce
à quoi on ne tient guère, dans l'ancien droit ; on conserve
comme propres les immeubles, c'est-à-dire la partie la
plus importante du patrimoine à cette époque. Aujour-
d'hui, la fortune mobilière domine et, par suite, la communauté va se trouver plus riche et l'union plus intime ;
mais alors c'est du hasard que dépend la valeur morale
de l'institution.

Le régime dotal, dit-on encore, est une école d'immo-
ralité. « Mariée en communauté, dit M. Troplong, la
femme se couvrirait de honte si elle venait renier ses
engagements. Mais il y a une autre morale pour la femme
dotale : elle peut promettre et signer ; elle n'est pas forcée
de tenir. » Sans doute, l'intérêt des tiers est très-digne
de considération, et la loi du 10 juillet 1850 y a veillé, en
exigeant la mention du régime de mariage dans l'acte de
l'état civil ; mais l'intérêt de la famille est aussi grand,
sinon davantage, car si l'industrie et le commerce font la
grandeur extérieure des nations, c'est la prospérité des
familles qui fait leur force et leur grandeur morale. Voilà
pourquoi le législateur a conservé l'inaliénabilité du
fonds dotal. C'est par ces mêmes motifs qu'Henrys la justifiait dans l'ancien droit : « C'est un avantage commun
aux familles que, y arrivant de la disgrâce et de la dé-
route, il y ait quelque ressource pour la femme et pour
les enfants ; que celle qui aura apporté une bonne dot ne
soit pas réduite à mendier l'assistance de ses proches ;
que ceux qui avaient eu une naissance avantageuse ne
soient pas nécessités de chercher leur pain ; bref, que
dans un naufrage il leur reste quelque table de ces dé-
bris. » Si dans la pratique l'inaliénabilité entraîne de

grands inconvénients, nous pensons qu'il faut s'en prendre non au Code lui-même, mais aux exagérations de la jurisprudence.

Au point de vue économique, on fait deux objections au régime dotal. On soutient d'abord que si l'agriculture et l'industrie sont plus florissantes au Nord qu'au Midi, cela tient à la différence des régimes de mariage. Il est possible, en effet, que cela y soit pour quelque chose ; mais il y a bien d'autres causes à ajouter à celle-là. On dit ensuite que le régime dotal engendre une foule de procès ; mais il faut distinguer, ce me semble, deux sortes de procès : les procès de principes et les procès d'inté-rêts. Les premiers sont, il est vrai, très-nombreux ; mais la faute n'en est pas au régime, tel que nous croyons que le Code l'a organisé ; la faute en est un peu au laconisme de certaines dispositions de la loi, et surtout à la tendance de la jurisprudence, qui ressuscite toutes les prohibitions de l'ancien droit, et souvent même les dépasse. Quant aux procès d'intérêt, les régimes se valent, et par exemple une liquidation de communauté en suscite autant que l'aliénation ou la saisie des biens dotaux.

M. Marcadé fait au régime dotal une dernière objection qui est au moins singulière. Il prétend que ce régime est né de l'avilissement de la femme dans la société romaine, quand il est certain, au contraire, que la dot proprement dite n'a paru qu'au moment où la femme est devenue indépendante de son mari. Il soutient encore que ce régime nous vient du dehors, tandis que la communauté est une institution vraiment nationale. Il nous semble d'abord que malgré la conquête germanique nous sommes restés foncièrement Gallo-Romains. Ensuite, en admettant que la communauté, dont le germe seul est germanique, se soit complétement développée en France, ce qui est vrai, il faudrait dire, dans le même sens, que le régime romain ayant produit chez nous l'inaliénabilité de la dot mobilière, cette inaliénabilité est aussi notre régime national.

Il ne faut donc rien exagérer, pas plus l'idée d'union entre les époux que l'idée de conservation des biens dans la famille. Le Code Napoléon a cherché à concilier ces deux idées. La communauté est le régime de droit commun ; puis la loi réglemente un certain nombre de régimes qu'elle permet de stipuler, selon que les époux se jugent plus ou moins forts et plus ou moins capables de rester indépendants l'un de l'autre. S'ils se croient assez forts, ils choisiront la communauté. Si la femme se trouve trop faible, ou si le constituant de la dot redoute la dissipation du mari, on choisira le régime dotal, non-seulement dans l'intérêt de la femme, mais encore dans l'intérêt des enfants à naître du mariage. Vis-à-vis de ces enfants, l'inaliénabilité sera quelque chose d'analogue à une substitution permise par les art. 1048 et sq. Les tiers n'en souffriront pas ; ils sont prévenus depuis la loi de 1850. Enfin, les époux peuvent combiner les avantages des deux régimes extrêmes, en joignant au régime dotal une société d'acquêts.

Ainsi appliqué, le régime dotal ne nous paraît pas si déraisonnable ; il tient compte de tous les intérêts et s'éloigne des exagérations dans les deux sens. Reconnaissons, cependant, que le régime de communauté, sinon tel qu'il est organisé par le Code, du moins dans son essence, est l'idéal auquel doit tendre toute société fondée sur la justice, et non sur les combinaisons arbitraires de l'intérêt. Aussi, s'il fallait absolument choisir entre les partisans excessifs de la communauté et les dotalistes purs, nous donnerions la préférence aux premiers : ils ont cela pour eux, que leur exagération naît d'un sentiment vrai de l'égalité des époux et de la dignité de la femme. Au contraire, les dotalistes purs parlent toujours de la fragilité du sexe, ce qui s'entend, non-seulement de la *rerum forensium ignorantia*, qui n'est pas le partage exclusif des femmes, mais surtout de la légèreté de leur esprit, et de leur incapacité constitutionnelle, pour ainsi dire. Malheureusement, la pratique est tournée dans ce sens, et l'on voit tous les jours des arrêts célébrer, après la Cour de cassation, *l'heureuse incapacité de la femme dotale.*

Après ces préliminaires, nous pouvons entrer dans l'étude du point spécial qui fait l'objet de cette thèse. C'est la combinaison des règles sur la suspension de la prescription en faveur des femmes mariées avec les principes du régime dotal.

1re SECTION.

Fondements de l'imprescriptibilité du fonds dotal.

La prescription court, en général, contre toute personne, sauf les cas d'exception prévus par la loi. Cela ressort suffisamment du but de la prescription et des motifs sur lesquels elle est fondée. En effet, le but de la prescription est d'assurer la bonne exploitation de la propriété ; si le possesseur qui se croit propriétaire n'était pas certain de n'être pas un jour évincé de sa chose, il hésiterait à dépenser ses capitaux en améliorations, et ainsi l'agriculture dépérirait. Un autre motif, c'est que, bien souvent, les actes constatant la translation de propriété ont disparu ; tout au moins peut-on considérer le silence du vrai propriétaire, pendant un temps assez long, comme une ratification du droit du possesseur. Ainsi, l'ordre public exige que personne ne puisse se soustraire à l'effet de la prescription.

D'un autre côté, lorsqu'il est certain que le véritable propriétaire a été dans l'impossibilité d'agir pour réclamer sa chose, il serait bien dur de lui opposer une prescription qu'il n'a pas pu interrompre. De là la maxime *contra non valentem agere non currit præscriptio*, et les suspensions de la prescription.

Mais ici encore l'ordre public exige que l'on ne fasse de cette maxime que l'emploi le plus discret, et c'est pourquoi l'art. 2251 décide qu'il n'y a de suspensions de prescription que celles qui ont été établies expressément par une loi. Ces cas sont très-restreints par le Code Napoléon, et encore peut-on trouver qu'ils ne le sont pas assez. Par exemple, la suspension de la prescription en faveur des mineurs, qui en elle-même est très-raisonnable, produit en pratique des résultats excessifs. Certains Codes étrangers ont essayé d'y remédier en supprimant la suspension, et la remplaçant par une prolongation de délai, par exemple, en doublant le temps requis pour prescrire contre les majeurs.

De quelle manière le Code Napoléon applique-t-il ces idées aux femmes mariées ? C'est ce que nous allons examiner dans les paragraphes suivants.

**§ 1er. — Règles générales sur la suspension de la prescription
en faveur des femmes mariées.**

En principe, la prescription court contre les femmes
mariées (2254). Si elles sont séparées de biens, cela ne
fait pas de difficulté. De même, si elles se sont réservé
l'administration de certains biens, la prescription court
quant à ces biens. Mais quand le mari a l'administration
des biens de la femme, on aurait pu assimiler celle-ci
au mineur, et suspendre la prescription en sa faveur.
La loi n'a pas admis cela, et avec raison. En effet,
la suspension de la prescription au profit du mineur
est fondée sur ce qu'il n'a pas pu surveiller son tuteur,
et par suite l'empêcher de compromettre ses droits.
Au contraire, la femme mariée, en la supposant ma-
jeure, bien entendu, peut contrôler elle-même l'administration du mari, et même la lui enlever par une demande en séparation de biens, si elle s'aperçoit qu'il
compromet ses droits. Si elle néglige ce moyen, elle doit
subir les conséquences de son inaction, et la prescription
lui sera valablement opposée.

Du reste, le mari administrateur des biens de la femme
sera responsable des prescriptions qu'il a laissé s'accomplir. Il y a à cela deux conditions : 1° qu'il ait pu
interrompre la prescription; 2° que l'accomplissement de
la prescription cause un préjudice à la femme. Si, par
exemple, lors de la célébration du mariage, la prescription était tellement avancée que le mari ait eu à peine
le temps de savoir qu'un bien de la femme était possédé
par un tiers, on n'aura pas à lui imputer de n'avoir pas

interrompu cette prescription. D'un autre côté, la négligence du mari ne le rendrait pas responsable si la femme n'en n'avait souffert aucun préjudice. Par exemple, le mari laisse prescrire une créance de la femme; mais le débiteur est insolvable. Le mari n'est pas responsable, parce que la femme ne perd rien. Si d'ailleurs le débiteur redevenait solvable, la faute du mari ferait renaître sa responsabilité; car, s'il avait interrompu la prescription, la créance de la femme pourrait être payée aujourd'hui.

La dépendance de la femme vis-à-vis du mari n'est donc pas, en principe, un obstacle au cours de la prescription contre elle. Mais la loi fait à cela deux exceptions générales : l'une tient à l'incapacité de la femme mariée, l'autre à la bonne harmonie qu'il faut maintenir entre les époux.

1° Lorsque la femme a fait un acte sans l'autorisation de son mari ou de justice, l'acte est nul (215, 217). Dans l'ancien droit, cette nullité était absolue: la nécessité de l'autorisation maritale était en effet regardée comme se rattachant au respect dû à la puissance du mari, motif d'ordre public. Le Code Napoléon a repoussé cela, et la nullité est seulement relative; mais la femme elle-même peut la demander, parce que l'autorisation n'est pas exigée seulement par respect pour le mari, mais encore pour protéger la femme. — Comme toutes les actions en nullité fondées sur l'incapacité, cette action dure dix ans, et la prescription ne court contre elle que du moment où cesse l'incapacité (1304), c'est-à-dire de la dissolution du mariage. La suspension de la prescription pendant le mariage tient à un double motif:

D'abord, la femme ayant agi à l'insu du mari n'osera pas lui révéler son acte, et préférera sacrifier son intérêt; la loi considère cette impuissance morale comme suffisante pour suspendre la prescription. Un autre motif, c'est que la prescription de 1304 est basée sur une ratification tacite. Une pareille ratification ne peut être supposée que lorsque la ratification expresse serait elle-même possible. Or, celle-ci n'est possible que lorsque l'incapable a recouvré sa capacité. On ne peut pas supposer que la femme a ratifié avec l'autorisation du mari, quand elle avait fait l'acte sans autorisation; on ne peut présumer la ratification que quand la femme est entièrement libre. C'est pourquoi l'art. 1304 fait partir avec raison le délai de la dissolution du mariage; la séparation de biens ne ferait pas courir la prescription, parce que, après comme avant, l'autorisation maritale est nécessaire.

Appliquons cela à la femme dotale. Une femme aliène seule l'immeuble dotal; la prescription est suspendue pendant le mariage, conformément au droit commun, et la suspension dure jusqu'à la dissolution du mariage. La séparation de biens, qui rend à la femme l'exercice de ses actions ne suffit pas pour faire courir la prescription.

2° Le second cas de suspension de la prescription pendant le mariage est celui où l'action de la femme réfléchirait contre le mari (2256). La loi a voulu que la bonne harmonie du ménage ne fût pas troublée par suite d'une action de la femme; par contre, elle a voulu que la femme ne soit pas punie pour avoir, dans un but de paix, laissé passer le temps d'agir.

Remarquons, avant d'aller plus loin, que cette disposition n'est pas entièrement concordante avec celle de l'art. 2253, qui suspend la prescription entre époux. Dans l'ancien droit, Pothier (1) ne suspendait la prescription entre époux qu'au profit de la femme, et par suite il ne la suspendait contre les tiers qu'au profit de la femme, lorsque son action réfléchirait contre le mari. Le Code, au contraire, suspend la prescription entre époux aussi bien pour le mari que pour la femme, et cela avec raison, car il faut éviter les troubles dans le ménage, de quelque côté qu'ils viennent. Sans doute la puissance maritale empêchera souvent la femme d'agir; mais il se peut aussi que la femme ait pris un grand empire sur le mari. L'art. 2256 eût dû recevoir la même extension. Dans le système du Code, si le mari vend seul le bien de la femme, la prescription du tiers acquéreur est suspendue, si l'action en revendication de la femme doit réfléchir contre le mari. Au contraire, si la femme, qui se fait passer pour veuve et propriétaire d'un bien du mari le vend à un tiers de bonne foi, celui-ci prescrira contre le mari. Cela forcera le mari à revendiquer pendant le mariage, et par suite le tiers recourra contre la femme. La paix du ménage sera troublée d'une manière aussi fâcheuse que dans le premier cas.

Quoi qu'il en soit, l'art. 2256 s'applique lorsque le mari, ayant vendu seul ou tenté d'aliéner autrement le bien de sa femme, se trouve garant envers le tiers acquéreur. La prescription sera aussi suspendue, quand même le mari aurait stipulé la *non garantie*; en effet, cette clause laisse subsister au profit du tiers évincé une action

(1) *Oblig.*, n° 646; *Prescript.*, n° 25.

en restitution du prix. Mais si le mari avait vendu *aux risques et périls* de l'acheteur, ou si celui-ci était de mauvaise foi, l'article 2256 est inapplicable, parce que l'action de la femme ne réfléchira pas contre le mari.

Il y aura encore lieu à garantie si le mari a donné à titre de dot le bien de sa femme, ou même s'il en a fait une donation ordinaire, pourvu, dans ce dernier cas, qu'il y ait eu dol de sa part.

Pothier applique la suspension de notre article, même à la prescription libératoire. Cela est admissible en théorie; mais en pratique, les cas sont bien difficiles à trouver. Pothier suppose qu'une femme séparée de biens a une créance contre son mari, qui lui a donné une caution; elle ne peut attaquer la caution, parce que celle-ci recourrait contre le mari débiteur principal. La prescription libératoire de la caution est donc suspendue; mais cette hypothèse n'est pas très-bien choisie. En effet, si la caution ne peut pas prescrire, ce n'est pas parce qu'elle a un recours contre le mari, c'est parce que l'obligation principale est imprescriptible, la prescription étant suspendue entre époux. Cette hypothèse rentre donc dans la règle de l'art. 2253. Dans ses conférences sur la prescription, M. Demangeat a cité un autre exemple. Le mari vend au propriétaire d'un immeuble grevé d'une servitude, au profit d'un bien de la femme, la libération de la servitude. Si la femme exerce l'action confessoire, le tiers recourra en garantie contre le mari; c'est bien le cas d'appliquer l'art. 2256 et de suspendre la prescription. Il sera bien rare, du reste, que la femme ait besoin d'invoquer la suspension de prescription à son profit, car la plupart du temps elle aura interrompu la prescription par un acte d'exercice de la servitude. Dans cet exemple, il s'agit bien, en effet, d'une prescription libératoire. Au premier abord, il semble qu'il n'y ait lieu qu'à une prescription acquisitive; en effet, le propriétaire du fonds servant, ayant acheté sa libération *a non domino*, est dans une position analogue à celle de celui qui achète comme libre un fonds grevé d'une servitude ; il prescrit acquisivement l'intégrité du domaine. Je ne sais pas jusqu'à quel point on peut admettre cette assimilation. D'ailleurs, à côté de cela, la vente du mari est le point de départ d'une prescription libératoire *non utendo* ; c'est cette prescription qui est suspendue au profit de la femme.

La suspension de la prescription dure jusqu'à la dissolution du mariage. L'art. 2256 est formel. Dans l'ancien droit, quelques auteurs la faisaient cesser à la séparation de biens. Il leur semblait que la femme, qui n'a pas craint d'agir en séparation de biens contre son mari, ne craindra plus d'exercer des actions qui réfléchiraient contre lui. Le Code n'a pas tenu compte de cette raison; il a pensé que, même au cas de séparation de biens accessoire d'une séparation de corps, il ne fallait pas faire naître de nouvelles causes d'inimitié entre les époux.

Comment appliquons-nous à la femme dotale cette seconde exception au principe que la prescription court contre les femmes mariées ? Il faut supposer que le mari a vendu seul l'immeuble dotal. La prescription acquisitive du tiers acquéreur est suspendue tant que dure le mariage, et non pas seulement jusqu'à la séparation de biens, parce que le mari est garant de l'éviction. — Si, ce qui sera fort rare, l'aliénation était sans garantie, la suspension cesserait à la séparation de biens. La seule cause d'imprescriptibilité serait en effet la dotalité de l'immeuble ; or, nous verrons au paragraphe suivant que la suspension fondée sur cette cause ne dure que jusqu'à la séparation de biens. Nous avons déjà cité des cas de non garantie : par exemple le mari de bonne foi a donné à un tiers le fonds dotal.

Lorsque l'aliénation de l'immeuble dotal a été faite par la femme autorisée de son mari, le tiers acquéreur n'a besoin que d'une prescription libératoire. La jurisprudence admet que cette prescription ne part que de la dissolution du mariage, parce que, le mari étant présumé avoir touché le prix de l'aliénation, le tiers évincé s'en prendra à lui. Ce n'est pas ici le lieu de discuter la valeur de cette jurisprudence. Remarquons seulement que si on l'admet, on trouve là un cas de prescription libératoire suspendue, parce que l'action de la femme réfléchirait contre le mari.

Dans le premier paragraphe, nous n'avons fait qu'indiquer de quelle manière les principes généraux de la prescription s'appliquent au régime dotal. Nous développerons ces applications dans les paragraphes suivants, où nous allons étudier plus particulièrement les **règles spéciales au fonds dotal.**

§ 2. — Règles spéciales au fonds dotal.

Le régime dotal impose à la femme une double incapacité : incapacité d'agir, le mari seul a l'exercice de toutes les actions de la femme ; — incapacité de disposer des immeubles dotaux qui sont inaliénables.

La première n'est qu'une extension de l'incapacité ordinaire des femmes mariées. Normalement, la femme peut toujours intenter ses actions avec l'autorisation de son mari ou de justice. La femme dotale, au contraire, est censée avoir délégué à son mari l'exercice de toutes ses actions, et on admet en général que le mari, et à plus forte raison la justice, ne pourraient pas l'autoriser à intenter elle-même l'action (1). — Sur ce point il n'y a rien de spécial quant à la prescription.

Au contraire, l'incapacité d'aliéner l'immeuble dotal entraîne une suspension de prescription correspondante. Cette suspension a ce caractère particulier qu'elle ne dure que jusqu'à la séparation de biens, quoique l'inaliénabilité persiste jusqu'à la dissolution du mariage. Cela résulte de la combinaison des art. 1560 et 1561. On pourrait objecter que la dotalité n'étant qu'un surcroît d'incapacité, il faut lui appliquer la règle de l'art. 1304, qui suspend la prescription jusqu'à la dissolution du mariage. Nous répondrons dans la deuxième section à cette objection et aux autres qui ont touché la jurisprudence; ici nous avons simplement voulu établir les bases de la suspension de prescription.

Une autre restriction à la suspension pour dotalité, c'est qu'elle ne s'applique pas à la prescription commencée avant le mariage. Cette restriction vient du droit romain, et nous avons vu dans notre thèse latine qu'elle est fondée sur l'impossibilité d'interrompre une prescription autrement que par la perte de la possession. Ce motif n'est plus bon sous le Code, qui admet les suspen-

---

(1) V. Zachariæ, Aubry et Rau, iv, p. 461 et 462, notes 8 et 9.

sions pour minorité ou interdiction. La reproduction de la loi 16, *De fundo dot.*, est un défaut de logique dans la loi.

Pour que la suspension fondée sur la dotalité s'applique, il faut supposer un cas où les causes de suspension de droit commun n'existent pas.

Ce sera d'abord lorsqu'un tiers se sera emparé de l'immeuble dotal pendant le mariage et le possédera avec les conditions de la prescription acquisitive.

Ce sera aussi lorsque la femme aura aliéné l'immeuble dotal avec l'autorisation de son mari. La suspension de l'art. 1304 est impossible, car la femme a été autorisée. Celle de l'art. 2256-2° n'aura pas lieu non plus, au moins ordinairement. En effet, le mari qui autorise la vente est bien présumé en avoir touché le prix (1450); mais c'est seulement entre époux et non vis-à-vis des tiers que vaut la présomption. L'acheteur n'a donc pas d'action en garantie contre le mari, avec d'autant plus de raison que personne ne songe à lui donner une pareille action dans le cas de la vente d'un paraphernal. Peu importe en effet que la cause d'éviction vienne d'un tiers ou de la femme, le mari n'est pas plus garant dans un cas que dans l'autre.

Nous avons dit que la dotalité constitue pour la femme une incapacité véritable; seulement, c'est une incapacité conventionnelle. Cela nous conduit à nous demander si l'inaliénabilité du fonds dotal est du statut réel ou du statut personnel. Notre manière d'envisager la dotalité implique cette solution que l'inaliénabilité est du statut personnel. Avant d'établir cette proposition, signalons une inconséquence dans la doctrine de la plupart de nos adversaires. Tout en soutenant en effet que l'inaliénabilité est du statut réel, ils accordent que l'action en nullité fondée uniquement sur la dotalité se prescrit par dix ans, suivant l'art. 1304. Or, cet article ne s'occupe que des nullités relatives basées sur les vices du consentement, violence, erreur, dol, ou sur l'incapacité. Il faut donc que la nullité pour dotalité rentre dans un de ces cas. Évidemment, elle n'est pas fondée sur un vice du consentement; c'est donc sur une incapacité, c'est-à-dire sur une qualité personnelle, non sur une combinaison de la propriété. Il y a contradiction entre ces deux idées : incapacité et statut réel.

L'inaliénabilité est une incapacité conventionnelle dont la femme ne peut être relevée par l'autorisation maritale. Cela ressort de l'art. 1554. Cet article nous prouve que la loi considère l'inaliénabilité comme nous faisons nous-même; car, si c'eût été un caractère attaché par la loi à l'immeuble, à quoi bon faire cette énumération? l'immeuble ne peut être aliéné ni par le mari, ni par la femme, ni par les deux conjointement. Au contraire, elle s'explique très-bien dans notre système. Le mari seul ne peut pas aliéner, parce qu'il n'est pas propriétaire; la femme seule, parce qu'elle est incapable; la femme autorisée, parce qu'elle a étendu son incapacité jusqu'à l'abdication même de son droit, et que le mari n'a rien à habiliter, le droit lui-même n'existant pas.

Une autre raison en faveur du statut personnel, c'est que l'inaliénabilité n'existe qu'en vertu de la convention présumée de la femme; c'est de la même manière que la loi fixe un régime matrimonial à défaut de convention expresse des parties. Pourquoi traiter différemment les deux hypothèses, quand elles ont toutes les deux la même source, la convention ?

Enfin remarquons que chez nous l'inaliénabilité du fonds dotal n'est pas d'ordre public; les art. 1555-1559 le prouvent suffisamment. Cela nous permet de répondre à la seule objection que M. Troplong fasse à la doctrine que nous soutenons. Il semble craindre que si l'inaliénabilité est un statut personnel, on n'arrive à l'appliquer dans un pays où elle n'existe pas dans la loi. Mais n'est-il pas évident que par cela seul que la loi de ce pays ne parle pas d'inaliénabilité, l'aliénabilité va se trouver élevée au rang d'un principe d'ordre public? Les conventions présumées des parties, pas plus que les conventions expresses, ne pourront donc pas prévaloir contre elle.

Voici une objection plus sérieuse. Pour déterminer la nature du statut, il faut avoir égard au but définitif de la loi. Ici le but est la conservation de l'immeuble dotal dans la famille; c'est donc un statut réel. — Mais qui ne voit que ce n'est là qu'un but secondaire; qui ne se réalisera pas toujours? Au contraire, le but essentiel de l'inaliénabilité, c'est de protéger la femme aussi bien contre elle-même que contre son mari. Il en résultera sans doute ordinairement que l'inaliénabilité profitera aux enfants, qui trouveront l'immeuble dans la succession de la femme. Mais souvent il n'y aura pas d'enfants; l'inaliénabilité n'aura pas moins atteint son but, qui est la protection de la femme. — D'ailleurs, si l'objection était fondée, il serait facile de l'étendre à toutes les incapacités. Le mineur ne peut pas aliéner ses immeubles; sans doute c'est pour qu'il les retrouve à sa majorité. Mais c'est encore bien plus pour le protéger lui-même; et c'est pour cela que la loi qui lui enlève la capacité de disposer de ses immeubles est du statut personnel. Cela est aussi vrai de la femme dotale; dans les deux cas il faut donner la même décision.

Il résulte de notre solution que la femme étrangère, mariée sous le régime dotal, ne peut invoquer l'inaliénabilité sur ses immeubles situés en France, que si la loi de son pays admet l'inaliénabilité (3-3°, C. Nap.). Cette condition suffit d'ailleurs, et la question de savoir si les étrangers sont admis en France au bénéfice du régime dotal se résout pour tout le monde dans l'affirmative. En effet, même pour ceux qui n'accordent à l'étranger que les droits dérivant du *jus gentium*, on peut dire que l'inaliénabilité de la dot, de même que l'hypothèque légale, est du droit des gens, parce qu'elle nous vient du droit romain considéré comme droit commun de toutes les nations civilisées.

A l'inverse, les biens des Français situés à l'étranger seront inaliénables à condition que la loi étrangère ne considère pas l'inaliénabilité comme contraire à l'ordre public, et, en outre, que les Français soient admis dans ce pays à rendre leurs immeubles dotaux et inaliénables.

En résumé, l'imprescriptibilité du fonds dotal est fondée sur trois causes, qui peuvent concourir ou se présenter séparément :

L'incapacité ordinaire de la femme mariée ;

La possibilité d'un recours en garantie contre le mari, de la part du tiers attaqué par la femme ;

La dotalité de l'immeuble.

La suspension de la prescription basée sur les deux

premières causes dure jusqu'à la dissolution du mariage. La suspension basée sur la troisième ne dure que jusqu'à la séparation de biens, et ne s'applique qu'aux prescriptions commencées depuis le mariage.

SECTION II.

Étendue de l'imprescriptibilité.

Après avoir établi les fondements de l'imprescriptibilité du fonds dotal, nous devons étudier en détail à quels objets elle s'applique et quelles conséquences elle produit.

Lorsqu'on étudie l'inaliénabilité de la dot, on trouve tout d'abord cette grande question : les immeubles sont-ils seuls inaliénables, ou bien la dot mobilière l'est-elle aussi ? Cette question ne se présente pas quant à l'imprescriptibilité, et l'on est géné..... d'accord pour ne l'appliquer qu'aux immeubles. Nous ne parlerons donc que des immeubles dotaux, nous réservant d'examiner dans un appendice une opinion qui est restée isolée, et d'après laquelle les meubles dotaux seraient aussi imprescriptibles.

En droit romain, le fonds dotal est imprescriptible, parce qu'il est inaliénable. La prescription est empêchée à titre d'aliénation. Ce n'est pas tout à fait la même idée qui a guidé les rédacteurs du Code Napoléon en cette matière. En effet, ils rattachent surtout l'imprescriptibilité du fonds dotal à l'incapacité d'agir dans laquelle la femme dotale s'est placée par le contrat de mariage. Dès que cette incapacité cesse, la dotalité n'est plus un obstacle au cours de la prescription, quoique l'inaliénabilité persiste. Ainsi, la corrélation entre l'inaliénabilité et l'imprescriptibilité n'est plus aussi intime que dans le droit romain, quoique le législateur ait cru reproduire sur ce point la théorie romaine, mal comprise par nos anciens auteurs et par quelques auteurs modernes.

Le principe est que les immeubles dotaux sont imprescriptibles pendant le mariage. En d'autres termes, le cours de toute prescription, soit acquisitive, soit libératoire, de nature à porter atteinte aux droits de la femme sur les immeubles dotaux, est, en général, suspendu pendant le mariage.

Cette proposition s'applique :

1° A l'usucapion invoquée comme moyen d'acquérir la propriété d'un immeuble dotal ;

2° A l'usucapion invoquée comme moyen d'acquisition de droits réels sur un immeuble dotal ;

3° A la prescription par le non usage d'un usufruit immobilier constitué en dot, ou de servitudes actives établies en faveur de l'immeuble dotal ;

4° Enfin, à la prescription de l'action en nullité de l'aliénation d'un immeuble dotal.

Chacun de ces points va faire l'objet d'un paragraphe. Mais, d'abord, nous devons rechercher quels immeubles sont dotaux.

§ 1er. — Quels immeubles sont dotaux.

Lorsque les époux se soumettent au régime dotal, sont dotaux de plein droit les immeubles que la femme se

constitue en dot et ceux qui lui sont donnés par le contrat de mariage, s'il n'y a stipulation contraire (art. 1541).
Il faut donc consulter avant tout le contrat de mariage
et exclure de la dotalité tout ce qui ne rentre pas dans
les cadres du contrat. L'exclusion peut résulter d'une
clause expresse; par exemple, les immeubles dotaux ont
été estimés avec déclaration que l'estimation en vaut
vente au profit du mari. Dans ce cas, ce qui est dotal,
c'est l'estimation, non l'immeuble. A défaut de convention
formelle, la loi développe le principe de l'art. 1541 dans
l'art. 1543, dont il faut rapprocher l'art. 1395. Il résulte
de ces articles trois règles d'application :

1° La dot ne peut être constituée ni augmentée pendant
le mariage. Il s'ensuit que l'immeuble donné après le
mariage, sous condition de dotalité, par un tiers à
une femme qui ne s'est pas constitué en dot ses biens
à venir, n'est pas dotal, c'est-à-dire inaliénable et
imprescriptible. Du reste, les époux ne perdront rien
pour cela : la femme aura l'immeuble, parce que la condition de dotalité est réputée non écrite; le mari aura,
suivant les circonstances, l'usufruit du bien donné à la
femme, parce qu'on peut entendre ainsi la clause de la
donation ;

2° La dot ne peut être diminuée pendant le mariage.
Par conséquent, si une femme s'est constitué en dot ses
biens à venir, l'immeuble qui lui est donné pendant le
mariage, avec cette condition qu'il ne sera pas dotal,
deviendra malgré cela dotal, au moins quant à l'inaliénabilité, sinon quant à la jouissance et à l'administration;

3° Enfin, la dot ne peut être modifiée pendant le mariage. Par suite, l'immeuble donné en payement d'une

dot promise en argent n'est pas dotal (1553-2°). En effet, la créance du mari contre le constituant se distingue très-bien de la créance en restitution de la femme, qui seule est dotale.

De même, l'immeuble recueilli par la femme dans la succession d'un ascendant qui lui avait promis une dot en argent, encore due à son décès, n'est pas dotal.

De même, l'immeuble acquis avec des deniers dotaux, non soumis par le contrat de mariage à la condition d'emploi, n'est pas dotal. En effet, l'emploi non stipulé ne change pas la nature de la créance en restitution de la femme, qui a toujours pour objet une somme d'argent.

Il en est de même, enfin, lorsque le mari, évincé d'un immeuble constitué en dot, reçoit de sa femme ou du constituant un autre immeuble; cet immeuble n'est pas dotal, parce qu'il est donné en payement de la créance de garantie du mari, créance bien distincte de la créance en restitution de la femme. On objecte que, la créance en restitution ayant originairement un immeuble pour objet, la subrogation de l'immeuble donné au mari à l'immeuble évincé n'est pas dangereuse, d'autant plus que la loi fait elle-même une pareille subrogation dans l'art. 1558 *in fine* et 1559. Mais les art. 1395 et 1543 sont formels; et, d'ailleurs, comme nous l'avons dit, on peut faire rentrer ce cas dans celui d'une dation en payement, pour lequel tout le monde est d'accord.

Remarquons que, dans les diverses hypothèses que nous venons de parcourir, une clause du contrat de mariage peut entraîner la dotalité de l'immeuble. Il y aura alors une subrogation réelle analogue à celle que font les art. 1558 *in fine* et 1559.

Nous n'avons examiné les applications de 1395 et 1543 que sous le rapport de l'inaliénabilité. Quant à la question de savoir auquel des deux époux est acquis l'immeuble et comment se règlent la jouissance et l'administration, on la décidera en fait et suivant les circonstances.

§ 2. — Imprescriptibilité de la propriété du fonds dotal.

La propriété du fonds dotal est d'une manière générale imprescriptible pendant le mariage, soit que le fonds soit détenu sans titre par un *prædo,* ou en vertu d'un titre émané d'un tiers; soit que l'aliénation émane du mari; soit, enfin, qu'elle émane du propriétaire, c'est-à-dire de la femme.

I. Lorsque l'immeuble dotal est entre les mains d'un *prædo* ou de son acheteur, ou d'un possesseur qui tient le fonds *a non domino,* du premier venu autre que le mari, la suspension de la prescription acquisitive est basée uniquement sur la dotalité de l'immeuble. Ce cas rentre exactement dans les termes de l'art. 1561; la suspension ne durera donc que jusqu'à la séparation de biens. Rien de particulier, d'ailleurs, quant aux conditions de ces prescriptions. Le délai est de trente ans, lorsque le possesseur n'a pas de juste titre ou est de mauvaise foi; de dix à vingt ans, lorsqu'il a juste titre et bonne foi. La possession doit avoir tous les caractères de l'art. 2229.

II. Supposons maintenant que l'aliénation émane du mari. Elle est nulle pour un double motif: comme émanée d'un non propriétaire, comme portant sur un objet inaliénable. Remarquons que si l'immeuble avait

7

été déclaré aliénable par le contrat de mariage, l'aliénation ne serait pas moins nulle, mais seulement parce que le vendeur n'était pas propriétaire; par conséquent l'imprescriptibilité n'existerait pendant le mariage, que si la revendication de la femme devait réfléchir contre le mari, ce qui du reste aura lieu le plus souvent. Nous retrouverons ce cas à la troisième section. Quant au premier cas, nous verrons au § 5 comment la loi traite l'action en nullité au point de vue de l'imprescriptibilité. Nous voulons ici faire ressortir seulement la première cause de nullité de l'aliénation, c'est-à-dire le défaut de propriété du mari, qui fait que la prescription suspendue est une prescription acquisitive.

Ce défaut de propriété n'a été contesté que par un seul auteur, M. Troplong. Après avoir discuté la doctrine romaine sur ce point, M. Troplong adopte cette opinion que le mari et la femme sont, à Rome, deux propriétaires de la dot; le mari a le *dominium civile*, la femme a le *dominium naturale*. Nous avons montré dans notre thèse latine que le mari est le seul propriétaire de la dot, et que tous les textes d'où on veut conclure la propriété de la femme s'expliquent naturellement sans cela. Quoi qu'il en soit, la théorie que M. Troplong veut retrouver dans le Code Napoléon est bien celle qu'admettaient les interprètes et les Parlements de droit écrit, sauf peut-être le Parlement de Bordeaux. Quant au Code Napoléon, M. Troplong se sert d'un argument bizarre, qui est au fond son seul argument. Le mari n'est pas simplement administrateur, car, s'il n'était que cela, on serait fort embarrassé de concilier *la jurisprudence la plus constante* avec ce rôle res-

treint du mari. Donc le mari est propriétaire. De plus,
s'il n'est pas propriétaire, comment pourra-t-on définir
son droit et sa qualité? On tombera dans la confusion.
Là-dessus, M. Troplong fonde une théorie très-ingé-
nieuse, qui consiste à dire que le mari est le propriétaire civil de la dot et l'administrateur légal de la propriété naturelle qui reste à la femme. Au fond, cette
doctrine est de peu de conséquence pour les immeubles,
au moins dans notre matière; elle pourrait seulement
servir à étayer quant à l'action en nullité de l'aliénation
un système que M. Troplong repousse lui-même et que
nous examinerons au § 5 (1). Mais pour les meubles, elle
arrive à donner au mari le droit de disposition le plus
absolu.

Remarquons d'abord que les textes du Code Napoléon
sont trop formels pour qu'on puisse refuser un droit de
propriété à la femme; il n'y a qu'à lire les art. 1549-1562
et 1566 pour s'en convaincre. L'art. 1555 dit, par exemple,
que la femme peut donner ses biens dotaux pour l'établissement de ses enfants nés d'un précédent mariage,
quand même le mari s'y opposerait.—Mais cette propriété
de la femme suffit pour repousser la propriété du mari.
En effet aujourd'hui, pas plus qu'en droit romain, on ne
conçoit deux propriétaires *in solidum* de la même chose.
Il est vrai qu'on distingue deux domaines, l'un *naturel*,
l'autre *civil*. Mais qu'on cite un seul texte d'où il soit

_____

(1) L'intérêt de la question est plus grand quant à la prescription de la restitution de la dot, car, suivant la solution qu'on adoptera, on considérera le
mari comme un possesseur capable de prescrire, ou comme un détenteur
précaire; mais cela est tout à fait en dehors de notre sujet.

perÃ¬is d'induire que le Code Napoléon admet une pareille division de la propriété. Le Code admet que des tiers aient des droits réels sur un immeuble; mais ce sont là des démembrements de la propriété, et non plusieurs propriétés de nature différente existant ensemble sur le même objet.

Comment expliquez-vous alors les pouvoirs exorbitants du mari? dit M. Troplong, L'explication est très-simple. Le mari jouit des biens dotaux et les administre avec des pouvoirs très-étendus. Ce droit d'administration comprend même l'exercice des actions réelles pétitoires, qui en général sont réservées au propriétaire. C'est de là que M. Troplong conclut la propriété du mari. Nous reconnaissons avec lui que dans l'ancien droit l'exercice de ces actions par le mari était la conséquence de son prétendu *dominium civile;* mais de ce que le Code a réglementé le régime dotal d'après les usages du droit écrit, en faut-il conclure qu'il a conservé le principe? En aucune façon. Le Code, admettant le régime dotal, devait le constituer d'après les règles de la pratique, sans tenir compte de leur origine. Ensuite est-il bien exact de dire que l'exercice des actions pétitoires immobilières n'appartient jamais qu'au propriétaire? Il est vrai qu'en principe le propriétaire seul a les actions pétitoires, et que le plus qu'on accorde à un administrateur ordinaire, c'est l'exercice de ces actions, quand elles ont pour objet des meubles. Mais précisément parce que le mandat peut être étendu dans une certaine limite, il peut l'être dans certains cas même hors de la mesure habituelle, et de même qu'on ne considère pas le mari commun comme un propriétaire parce qu'il a les actions pétitoires mobilières, de même il n'y a rien d'absurde à considérer le mari dotal comme un simple mandataire, quoique la loi lui ait confié l'exercice des actions pétitoires, même immobilières.

Ajoutons un argument de texte qui est péremptoire : « L'estimation donnée à l'immeuble constitué en dot n'en transporte pas la propriété au mari, s'il n'y a eu déclaration expresse (art. 1552). » C'est la condamnation formelle de la distinction de M. Troplong.

Le mari n'est donc qu'un administrateur avec des pouvoirs très-étendus, mais qui ne vont pas jusqu'au droit d'aliéner. Donc, à quelque titre qu'il aliène, l'aliénation est nulle, et la prescription acquisitive de l'acquéreur suspendue.

Ici se présente une question très-controversée. Faut-il faire rentrer le partage parmi les actes d'administration confiés au mari dotal, ou bien le mari n'y peut-il procéder, en demandant ou en défendant, qu'avec le concours de la femme? Voici l'intérêt de la question au point de vue de l'imprescriptibilité. Le partage ne peut être considéré comme une aliénation prohibée, d'abord parce que nul n'est tenu de rester dans l'indivision, ensuite parce que le partage est déclaratif dans notre droit. Aussi, dans les deux opinions sur la question, la prescription contre l'action en nullité du partage du fonds dotal, provoqué par l'époux à qui on refuse le droit, ne peut être suspendue pour dotalité de l'immeuble. Mais les autres causes de suspension sont applicables. Ainsi, si nous refusons au mari le droit de procéder seul au partage, le partage fait en contravention n'est valable que pour la jouissance, et la prescription acquisitive du copartageant

est suspendue pendant le mariage, parce que la revendication de la femme, restée propriétaire par indivis, réfléchirait contre le mari. Dans le système inverse, le partage fait par la femme seule serait nul pour incapacité,
et la prescription libératoire serait suspendue jusqu'à la
dissolution du mariage.

La difficulté de la question vient de la coexistence dans
la loi des art. 818 et 1549. Le premier donne au mari le
pouvoir de procéder seul au partage des biens qui tombent
dans la communauté, non des biens qui n'y tombent
pas. Le second donne au mari dotal l'exercice de toutes
les actions de la femme. De là deux opinions : la première
prétend que l'art. 818 s'applique au mari dotal; la seconde
soutient que l'action en partage rentre dans l'art. 1549.
Nous ne parlons pas d'une troisième opinion, fondée
sur le droit romain, et d'après laquelle le mari ne peut pas
intenter seul l'action en partage, tandis qu'il peut seul y
défendre. Dans le droit romain, ce système se justifiait
très-bien. Le partage était une aliénation. Le mari ne
pouvait le provoquer, parce que l'aliénation volontaire
était prohibée; mais il pouvait y défendre, parce que l'a-
liénation était alors considérée comme nécessaire. Chez
nous, cette distinction n'est plus fondée, le partage n'é-
tant plus considéré comme une aliénation (art. 883). En
outre, elle ne s'appliquait à Rome qu'à l'immeuble dotal,
qui seul était inaliénable; au contraire, l'art. 818 ne
distingue pas entre les meubles et les immeubles, et il
refuse au mari le droit de procéder au partage dans les
deux cas, lorsque les objets à partager ne tombent pas en
communauté. Enfin, l'art. 818 ne distingue pas davantage entre le droit d'intenter l'action et le droit d'y dé-

fendre ; la prohibition est la même pour les deux positions.

Restent les deux opinions extrêmes. Les partisans de la première soutiennent que l'art. 818 doit dominer l'art. 1549. D'abord, l'immeuble dotal rentre évidemment dans les biens qui ne tombent pas en communauté. On objecte que le projet ne parlait pas du régime dotal, et que par suite l'art. 818 ne le prévoit pas non plus. Mais, du moins, le projet permettait de stipuler en détail les clauses essentielles du régime dotal. L'objection ne prouve donc rien.—Puis, le partage par lui-même mérite d'être soustrait à l'application de l'art. 1549. C'est, en effet, un acte très-compliqué. En outre, quoi qu'en dise l'art. 883, il y a dans le partage une véritable aliénation ; chacun des copartageants abandonne sa part indivise dans certains objets pour obtenir les parts indivises qui lui manquent dans certains autres. La détermination de ces objets se fait par le sort. C'est donc un acte aléatoire, qui peut être très-nuisible aux intérêts de la femme. On objecte que le droit d'exercer les actions emporte le droit de partager ; mais, sous le régime de communauté, le mari a bien l'exercice des actions mobilières de sa femme, et le droit de défendre seul aux actions immobilières ; et cependant il ne peut agir en partage même des meubles, qui ne doivent pas tomber en communauté. La corrélation qu'on invoque n'existe donc pas.

Nous adoptons l'opinion contraire, qui applique simplement l'art. 1549. D'abord, nous repoussons l'argument tiré de l'art. 818 pour deux raisons : la première, c'est qu'au moment où cet article fut fait on ne savait pas encore si on adopterait le régime dotal, et la pensée générale était de le repousser ; la deuxième, c'est que le

texte même qu'on nous oppose est en notre faveur. En
effet, le mari ne peut procéder au partage des biens qui
ne tombent pas dans la communauté ; l'article suppose
donc qu'il y a une communauté, car on ne peut parler de
biens qui ne tombent pas en communauté qu'à propos
d'un régime où il y en a d'autres qui y tombent. L'art. 818
ne pense donc pas au régime dotal.

Quant aux dangers du partage, ce danger existe dans
l'exercice de toutes les actions par le mari.

Enfin, la loi française ne considère pas le partage
comme une aliénation ; le partage ne fait qu'indiquer
qu'elles ont été *ab initio* les parts des copartageants.

En définitive, l'action en partage est une action réelle
pétitoire qui rentre entièrement dans l'art. 1549. L'objection finale du système contraire, basée sur le défaut de
corrélation entre l'exercice des actions ordinaires et le
droit d'agir en partage dans le régime de communauté, ne
nous atteint pas, parce que le mandat du mari dotal n'est
pas comparable à celui du mari marié en communauté.

Le mari peut donc procéder seul au partage. Quant à
la forme, on discute. Les uns n'admettent que le partage
judiciaire ; ils invoquent l'art. 1559, qui, au cas d'é-
change, exige que le mari, outre le consentement de la
femme, obtienne l'autorisation de justice. Nous pensons
qu'il faut admettre le partage amiable ; en effet, l'article 1558, prévoyant le cas où l'immeuble dotal indivis
avec des tiers est impartageable, permet l'aliénation avec
permission de justice. Donc, s'il est partageable, le partage se fera sans autorisation, l'article n'exigeant l'in-
tervention de la justice que pour la licitation, c'est-à-
dire pour un cas où le partage se transforme en vente.

D'ailleurs, l'action en partage doit être traitée comme toute autre action réelle rentrant dans l'art. 1549. Or, si un tiers, détenteur d'un immeuble dotal, venait le rendre de bonne grâce au mari, on ne dirait pas que le mari ne peut le recevoir, et qu'il doit nécessairement obtenir un jugement qui condamne le tiers à restituer. Pourquoi ne pas en dire autant de l'action en partage?

Si, d'ailleurs, le partage à l'amiable n'était qu'un prétexte pour cacher une vente ou un échange, l'acte serait nul, parce que ce ne serait plus un partage, mais une aliénation rentrant dans l'art. 1554; et nous retomberions, quant à l'imprescriptibilité, dans la règle qui gouverne tous les actes d'aliénation émanés du mari.

III. Dans tous les cas que nous avons étudiés jusqu'ici, la prescription suspendue était une prescription acquisitive, parce que l'aliénation n'émanait pas du propriétaire. Supposons maintenant que la femme aliène : il ne peut plus s'agir ici que d'une prescription libératoire contre l'action en nullité de l'aliénation. C'est cette prescription qui est suspendue, soit à cause de la dotalité de l'immeuble, lorsque la femme a aliéné avec l'autorisation de son mari ou de justice, soit à cause de l'incapacité ordinaire des femmes mariées, lorsqu'elle a aliéné sans autorisation. Nous verrons au § 5 combien de temps dure l'imprescriptibilité dans ces diverses hypothèses, et par quel délai se prescrit l'action en nullité à partir du moment où la prescription n'est plus suspendue.

Puisqu'il s'agit d'une prescription libératoire, il n'y a pas à s'enquérir du titre de l'aliénation. Nous supposons d'ailleurs qu'il s'agit d'un titre prohibé. Si le titre d'aliénation ne rentrait pas dans la disposition de l'article 1554, le tiers acquéreur n'aurait même pas besoin d'une prescription libératoire ; tout au moins la nullité pour dotalité serait effacée, et il ne pourrait y avoir nullité que pour défaut d'autorisation.

En principe, toute aliénation de l'immeuble dotal est défendue à la femme ; la loi ne permet d'exception que pour les actes de dernière volonté. Il faut donc comprendre dans la prohibition la vente, l'échange, la transaction, le compromis, la donation, etc. On discute quant à l'institution contractuelle, et quant à la donation faite pendant le mariage par la femme au mari : il faut les comprendre dans la prohibition. Ce sont, en effet, des aliénations entre-vifs. Il est vrai que l'institution contractuelle ressemble beaucoup au legs ; mais elle s'en distingue notamment en ceci, qu'elle est irrévocable (article 1083), quoique elle n'ait d'effet qu'à la mort de l'instituant. La donation entre époux a les caractères inverses : elle dépouille actuellemen le donataire, mais elle est révocable. Le dépouillement actuel suffit ici, comme dans le premier cas, l'irrévocabilité, pour justifier la prohibition.

La défense d'aliéner ne porte, bien entendu, que sur les aliénations volontaires. Ainsi, l'expropriation pour cause d'utilité publique est possible (art. 13 et 25 de la loi du 3 mai 1841). Elle sera poursuivie contre la femme assistée de son mari.

Quid de la saisie du fonds dotal ? Est-elle possible, et dans quelle mesure ?

Il faut d'abord faire une distinction qui résulte du fond des choses. Quant à la propriété de l'immeuble dotal, il ne peut être question de saisie par les créanciers du mari, parce que le mari n'est pas propriétaire. A l'inverse, les fruits ne peuvent être saisis par les créanciers de la femme, parce qu'ils sont au mari.

Pour quelles dettes de la femme le fonds dotal peut-il être saisi?

1° Lorsque la dot consiste dans une universalité, on applique la maxime : *bona non dicuntur, nisi deducto œre alieno;* les créanciers du constituant, que ce soit la femme ou un tiers, peuvent poursuivre l'expropriation.

2° Si l'immeuble dotal est grevé d'une hypothèque antérieure au mariage, il n'est devenu dotal que *salvo jure hypothecæ;* le créancier hypothécaire peut le saisir.

3° L'immeuble dotal est constitué tel en fraude des droits des créanciers du constituant; ils feront révoquer la constitution. Seulement, si le mari n'est pas *conscius fraudis*, ils ne pourront porter atteinte à son droit de jouissance.

Dans ces trois cas, la saisie entraine une véritable aliénation nécessaire au sens romain.

Mais les créanciers chirographaires de la femme ayant date certaine antérieure à la célébration du mariage ne peuvent saisir le fonds dotal. En effet, dans ce cas l'aliénation est sans doute permise aux époux avec autorisation de justice(art. 1558-3°); mais la raison de cette exception n'est pas qu'il faut permettre à la femme d'éviter la saisie; la loi a seulement voulu satisfaire un intérêt moral. D'ailleurs, les créanciers chirographaires subissent les variations de la fortune de leur débiteur. Si la femme avait donné son immeuble sans fraude, ils n'auraient rien à dire. Eh bien! la femme, tout en gardant l'immeuble, l'a mis valablement dans une situation que la loi autorise, en le rendant dotal et inaliénable ; par conséquent, tant que dure le mariage, les chirographaires antérieurs ne peuvent pas le saisir.

Mais, à la dissolution du mariage, ils pourront procéder à la saisie. Au contraire, les créanciers de la femme valablement obligée pendant le mariage ne peuvent pas exproprier l'immeuble dotal, même après la dissolution du mariage. Sans doute l'obligation est valable, et elle peut être exécutée sur les paraphernaux ; mais l'exécution sur le fonds dotal est impossible, parce que ce n'est autre chose qu'une aliénation indirecte. Le but de l'inaliénabilité serait impossible à atteindre, si on pouvait tourner si facilement la prohibition de la loi. D'ailleurs la loi, en défendant d'hypothéquer le fonds dotal, montre bien qu'elle entend prohiber toute exécution d'obligation sur ce fonds même après la dissolution du mariage. Dans l'opinion contraire on arrive en effet à dire que la défense d'hypothéquer le fonds dotal a simplement pour but de réduire à l'égalité tous les créanciers qui contractent avec la femme pendant le mariage, résultat qui est au moins puéril et insignifiant.

Il est toute une classe d'obligations auxquelles l'insaisissabilité est inapplicable. Ce sont celles qui naissent des engagements sans convention, dans les cas où l'incapacité ordinaire de la femme mariée ne les empêche pas, et celles qui naissent des délits ou quasi-délits de la femme. En effet, c'est de la loi elle-même que viennent ces obligations. Le Code a voulu protéger la femme en soustrayant ses immeubles dotaux à l'exécution des contrats faits avec des tiers ; mais il ne pouvait les soustraire aux droits que les tiers acquièrent sans contrat, car il n'y a pas à craindre une pression sur la femme. Du reste, il faudra toujours respecter le droit de jouissance du mari.

Passons aux créanciers du mari. Ils ne peuvent pas saisir son droit de jouissance, droit essentiellement personnel; mais peuvent-ils saisir les fruits du fonds? Le mari peut disposer d'une manière absolue de ces fruits, comme administrateur; mais cela n'entraîne pas leur saisissabilité dans la même mesure. D'abord ce qui est nécessaire au ménage est insaisissable, sans quoi la loi serait inutile. Mais si le mari a fait faire des travaux d'entretien, les créanciers peuvent saisir une partie des fruits, considérée comme affectée à ces dépenses. De même, s'il s'agit d'un emprunt, la jurisprudence permet avec raison la saisie de ce qui dépasse les besoins du ménage.

Quant aux obligations de la femme, elles ne peuvent être exécutées sur les fruits du fonds dotal, parce qu'elle les a abandonnés au mari. On pourrait seulement permettre la saisie s'il s'agissait d'une dépense d'administration. — L'insaisissabilité persiste même après la séparation de biens. Nous pensons même, avec M. Valette, que la distinction entre la part des fruits nécessaire au ménage et le superflu est inapplicable à la femme. En effet, si on la fait pour le mari, c'est qu'il ne peut invoquer l'inaliénabilité contre ses propres créanciers que dans la mesure de son administration; au contraire, la femme, en faveur de qui l'inaliénabilité est faite, peut l'invoquer d'une manière absolue. Par là même, nous écartons la distinction qu'on fait ordinairement entre les dettes contractées par la femme pendant le mariage avant la séparation, et celles contractées après la sépara-tion. MM. Aubry et Bau admettent notre solution pour les dettes antérieures à la séparation (1), et ils en donnent cette raison que, si l'on permettait de saisir l'excédant des besoins du ménage entre les mains de la femme séparée, on arriverait à permettre la saisie de la totalité des fruits entre les mains des héritiers de la femme, après la dissolution du mariage par la mort de la femme. Or cela est impossible, les héritiers de la femme devant, en vertu de l'inaliénabilité, retrouver les immeubles dotaux libres de tout engagement (2). Mais, pour les dettes postérieures à la séparation, ces auteurs permettent la saisie entre les mains de la femme de ce qui excède les besoins du ménage (3). C'est une contradiction évidente, car on peut faire ici le même raisonnement que ci-des-sus. Pour nous l'insaisissabilité absolue est fondée sim-plement sur le but de la loi, qui a été de protéger la femme et ses héritiers au moyen de l'inaliénabilité du fonds dotal.

Lorsque le fonds dotal peut être saisi pendant le ma-riage, le créancier peut-il se contenter d'agir contre le mari, ou doit-il mettre la femme en cause ? Il doit agir contre la femme. En effet, l'expropriation est nécessaire-ment faite contre le propriétaire ; or, la femme seule est propriétaire, nous l'avons démontré. On objecte que le mari, qui peut défendre à l'action personnelle, doit pou-

(1) Tome ιv, p. 510, note 18.
(2) *Idem*, p. 520, note 17.
(3) *Idem*, p. 519.

voir défendre à la saisie. Mais le mari n'a le droit de
défendre aux actions que lorsqu'elles doivent aboutir à
des condamnations. Au contraire, toutes les fois qu'il
s'agit d'une aliénation, la loi a soin de faire intervenir la
femme. Ainsi, dans les art. 1555-1559, c'est toujours la
femme qui aliène; le mari n'intervient que pour l'autoriser. Nous pouvons spécialement tirer un argument de
l'art. 1558-3°. Lorsque la femme veut aliéner son immeuble pour payer des dettes ayant date certaine antérieure
au mariage, c'est elle qui se fait autoriser à vendre par
la justice, et c'est elle qui vend, parce qu'elle seule est
propriétaire. Notre cas est précisément l'inverse; il doit
être gouverné par le même principe. On objecte encore
que le mari a les actions réelles, et qu'en les exerçant, il
peut compromettre le droit de la femme, s'il ne parvient
pas à prouver sa propriété; voilà des aliénations fort
analogues à celle qui résulte de la saisie. Nous répondrons, avec le droit romain et les principes, que le juge de
l'action réelle n'attribue pas la propriété; il ne fait que
constater le droit de celui qui gagne le procès. Sa sen-
tence n'est pas attributive, elle est déclarative. Il n'y a
donc pas analogie entre l'exercice des actions réelles et
la saisie, puisque la première aboutit seulement à une
déclaration du droit, tandis que l'autre aboutit à une
aliénation. — Dans tout ceci, nous ne nous sommes pas
servi de l'art. 2208, qui est rédigé d'une façon analogue
à l'art. 818. On ne peut donc pas nous accuser d'inconséquence, quand nous traitons différemment la saisie et
l'action en partage; les principes expliquent assez la
différence.

§ 3. — Impossibilité d'acquérir par l'usucapion des droits réels
sur le fonds dotal.

La défense d'aliéner le fonds dotal s'applique aussi
bien aux aliénations partielles qu'à l'aliénation de la
propriété tout entière. Ainsi, la femme ne peut pas grever le fonds dotal d'un usufruit ou de servitudes, pas plus
qu'elle ne peut l'hypothéquer. L'imprescriptibilité est
corrélative à cette prohibition.

Il n'y a rien de particulier à dire de l'usufruit; on le
traitera comme la propriété quant à l'usucapion. Il faut
seulement remarquer que lorsque l'usufruitier est un
prœdo, il sera bien difficile de distinguer l'usucapion de
l'usufruit de celle de la propriété; cette difficulté n'existe
pas dans les autres cas, par exemple, quand l'usufruitier tient son droit du mari, parce qu'il y a un titre.

La défense de grever de servitudes le fonds dotal ne
s'applique pas aux servitudes légales qui ne sont pas, à
proprement parler, des démembrements de la propriété,
mais constituent son état normal. Elles marquent où finit
la liberté de chaque fonds; chaque propriétaire peut donc
les acquérir sur le fonds dotal, sans qu'on puisse lui opposer l'inaliénabilité. Ainsi, le voisin peut acquérir la
mitoyenneté du mur dotal (art. 661). De même, en cas
d'enclave, le voisin peut acheter le droit de passer sur le
fonds dotal, si c'est le trajet le plus direct (art. 683).

Par la même raison, les servitudes légales peuvent
être fondées par la prescription même pendant le mariage, mais il ne faut pas exagérer cela. Prenons le cas
d'enclave. Si, d'après la situation des lieux et les prin-

cipçs posés par les articles 683 et sq.,[le passage avait dû être établi sur un autre immeuble que le fonds dotal, le voisin enclavé ne peut acquérir le droit de passer, par usucapion, pas plus qu'il ne pourrait l'acquèrir directement par convention. En effet, le passage concédé par la femme, dans un cas où elle n'y est pas absolument tenue, n'est plus la simple reconnaissance d'une servitude légale ; c'est la création d'une véritable servitude, à laquelle le fonds dotal n'était pas réellement soumis. Il s'ensuit que la prescription est aussi impossible pendant le mariage.

Quant à l'hypothèque, nous n'avons pas besoin de dire qu'on ne l'acquiert pas par prescription, pas plus qu'on n'acquiert ainsi une créance sur un tiers.

§ 4. — Imprescriptibilité de l'usufruit constitué en dot, ou des servitudes existant au profit du fonds dotal.

Nous ne trouvons ici rien d'analogue à ce qui se passait en droit romain.

A Rome, le mari pouvait perdre l'usufruit que la femme lui avait cédé *in jure dotis causa*, non-seulement *non utendo*, mais encore directement. De même, l'extinction par confusion est possible, si le mari est ou devient propriétaire du fonds grevé d'usufruit.

Quant aux servitudes, l'inaliénabilité s'y applique. Elles ne peuvent être éteintes directement par un acte du mari ; elles ne peuvent pas davantage périr *non utendo*. Mais si le mari est ou devient propriétaire du fonds servant, elles s'éteignent nécessairement par confusion.

Chez nous, pas plus l'usufruit que la servitude ne peut

être éteint par un acte direct de la femme. De plus, la propriété du fonds dotal restant à la femme, il s'ensuit qu'il n'y a plus d'extinc'ion par confusion.

L'aliénation directe étant empêchée, la perte *non uten-do*, que la loi appelle aussi prescription, est imposible (Cf. art. 710, Cod. Nap.). Peu importe que le fonds servant, au profit duquel aurait lieu l'extinction *non utendo*, soit au mari ou à un tiers ; les articles 1561 et 2253 empêchent la prescription dans les deux cas.

L'imprescriptibilité dure-t-elle pendant tout le mariage, ou seulement jusqu'à la séparation de biens ? D'abord, lorsque le fonds grevé de l'usufruit ou de la servitude appartient au mari, l'imprescriptibilité dure toujours jusqu'à la dissolution du mariage, parce que la prescription est suspendue entre époux. Ce cas écarté, lorsqu'il y a abandon volontaire de l'usufruit ou de la servitude, la suspension de la prescription est soumise aux règles que nous avons déjà citées et que nous développerons au paragraphe suivant. Quant à la perte *non utendo*, l'imprescriptibilité ne dure que jusqu'à la séparation de biens, sans distinguer si le non usage suffisait pour amener l'extinction, ou s'il fallait quelque autre chose. Dans le premier cas, la prescription étant basée sur un simple fait, il ne peut être question, après la séparation de biens, ni de défaut d'autorisation de la femme, ni de réflexion d'action contre le mari : il ne peut donc y avoir suspension que pour dotalité, et cette suspension cesse à la séparation (art. 1561). Les trente ans de non usage commenceront donc à courir de la séparation de biens. Il faut en dire autant dans le second cas, quoiqu'il y ait, outre le non usage, un acte positif d'opposition à la servitude continue (art. 707). En effet, ou bien l'acte d'opposition a lieu après la séparation de biens , et alors la dotalité seule pourrait suspendre la prescription, si l'art. 1561 n'existait pas ; ou bien il avait eu lieu auparavant, et le mari aurait pû s'y opposer pour dégager sa responsabilité vis-à-vis de la femme ; mais, ici encore, la suspension de la prescription ne peut être basée que sur la dotalité de la servitude, et cette cause cesse à la séparation de biens.

Lorsque le non usage a commencé avant le mariage, comment appliquerons-nous le principe de la loi 16, *De fundo dotali?* On peut faire la même distinction qu'en droit romain. Si le simple non usage suffisait, il sera interrompu par la constitution en dot du fonds dominant. Au contraire, lorsqu'il faut un acte positif d'opposition à la servitude, l'*usucapio libertatis* doit être traitée comme les autres prescriptions rentrant dans la loi 16, parce qu'il y a, dans tous ces cas, la même apparence de droit acquis. Cependant, comme le Code Napoléon appelle les deux cas du même nom de prescription, il est peut-être plus conforme à son esprit de les traiter tous les deux de la même manière, et de faire toujours courir la prescription.

§ 5. — Imprescriptibilité de l'action en nullité de l'aliénation de l'immeuble dotal.

I. Lorsqu'une aliénation est faite en contravention à l'art. 1554, elle est nulle. C'est ce que l'art. 1560 exprime ainsi : « La femme ou ses héritiers pourront faire révoquer l'aliénation ; le mari pourra faire révoquer l'aliénation... »

Quel est le caractère de cette nullité? La réponse à cette question a soulevé de vives controverses. La difficulté vient de l'historique de la rédaction de l'art. 1560. Le projet portait que « l'aliénation de l'immeuble dotal est radicalement nulle. » Le Tribunat fit remplacer ces mots par ceux-ci : « la femme ou ses héritiers pourront faire révoquer l'aliénation. » Quelques auteurs en concluent que l'aliénation, même émanée du mari seul, n'est jamais frappée de nullité absolue; dans tous les cas, la nullité est relative. Il ne peut donc y avoir lieu qu'à une action en nullité, non à une revendication.

Il faut repousser ce système. En effet, quelle a été l'intention du Tribunat en modifiant la rédaction proposée? Le Tribunat trouva à cette rédaction un double inconvénient; d'abord elle était équivoque; le mot radicalement n'a pas un sens juridique bien défini. De plus, elle était injuste, en admettant le sens ordinaire du mot radicalement, qui semble indiquer une nullité absolue détruisant l'acte dans sa racine. En effet, lorsque la femme a vendu, il y a bien quelque chose de fait, puisque la vente émane du propriétaire, incapable, il est vrai. Le Tribunat pensa que l'art. 1560 ne devait pas déroger à la théorie des nullités absolues et relatives, telle qu'elle existe dans le droit commun, et il adopta une rédaction qui laisse à l'interprétation une latitude suffisante : « La femme ou ses héritiers pourront faire révoquer... » Le mot révoquer, en effet, comprend les deux espèces de nullité, sans rien préjuger, comme faisait le mot radicalement.

La théorie ordinaire des nullités reste donc applicable. De là une distinction très-simple : lorsque l'aliénation émane du mari seul, il y a nullité absolue, parce que le mari n'est pas propriétaire; lorsqu'elle émane de la femme seule ou autorisée, la nullité est seulement relative, parce qu'elle est fondée uniquement sur l'incapacité du propriétaire qui aliène.

Il est facile, après cela, de déterminer quelles personnes peuvent invoquer la nullité. Lorsque la femme a vendu, l'action est au mari jusqu'à la séparation de biens, suivant le principe de l'art. 1549; après la séparation, elle est à la femme seule; mais jamais l'acquéreur ne peut agir, quand même la dotalité de l'immeuble n'aurait pas été déclarée, et même si l'immeuble avait été vendu comme paraphernal. Dans ce dernier cas, la déclaration mensongère n'est pas assimilée à une manœuvre frauduleuse, pas plus que la déclaration de majorité faite par un mineur ne le prive de l'action en rescision (art. 1307).

Quand c'est le mari qui a aliéné l'immeuble dotal, l'action en revendication lui appartient jusqu'à la séparation de biens, comme mandataire légal de la femme, malgré la maxime : *quem de evictione tenet actio, eumdem agentem repellit exceptio.* Après la séparation, l'action est à la femme. Enfin l'acheteur lui-même peut demander la nullité, conformément à l'art. 1599. C'est ce que décidait Roussilhe (1) dans l'ancien droit.

Quel est le droit des créanciers des deux époux dans l'exercice de l'action en nullité? Quand la vente émane de la femme, ses créanciers ne peuvent agir, l'action étant personnelle à la femme dans l'esprit de la loi; vis-

(1) *Dot*, I, n° 300.

à-vis d'eux la vente est valable : la loi n'est sortie du droit commun qu'en faveur de la femme, non en leur faveur. Il y a cependant deux restrictions à faire : d'abord, si la vente est faite en fraude des droits des créanciers, ils agiront en vertu de l'art. 1167 ; en outre, ceux qui ont sur le fonds dotal des hypothèques antérieures au mariage pourront demander la nullité, s'ils y ont intérêt.

Quand la vente émane du mari, la nullité étant absolue, les créanciers de la femme antérieurs au mariage pourront l'invoquer, quand ils y ont intérêt. Cela ne fait pas de doute pour les créanciers hypothécaires, qui ont le droit de saisir l'immeuble ; mais les chirographaires eux-mêmes, à qui nous avons refusé le droit de saisie pendant le mariage, recouvrant ce droit à la dissolution, peuvent avoir intérêt à invoquer la nullité absolue de l'aliénation. Enfin il faut accorder ce même droit aux créanciers du mari, toujours s'ils y ont intérêt ; par exemple, quand ils ont sur les biens du mari une hypothèque qui serait primée par l'hypothèque générale de la femme, si, la révocation de l'aliénation n'ayant pas lieu, l'action hypothécaire en restitution était ouverte.

Ceci nous conduit à l'examen d'une question très-controversée. Lorsque le mari tombe en déconfiture, et que ses biens sont vendus à la requête de ses créanciers, la femme séparée de biens peut se présenter à l'ordre et se faire colloquer pour ses reprises. Supposons, dans un cas de ce genre, que l'une des créances consiste dans le prix de la vente du fonds dotal aliéné indûment ; les créanciers du mari peuvent-ils renvoyer la femme à exercer son action en révocation, et lui refuser le droit d'être colloquée à son rang sur les biens du mari? Il est incontestable, en principe, que la femme a à la fois le droit de révoquer l'aliénation et le droit d'exercer son action hypothécaire sur les biens du mari, pour arriver à une collocation. Quand elle exerce son action hypothécaire, on ne peut donc pas la renvoyer à agir en nullité. Il est vrai qu'on prétend trouver ce droit dans l'art. 1560; mais cet article ne dit pas : « la femme n'aura d'autre droit que celui de faire révoquer l'aliénation, » il dit : « la femme aura ce droit sans qu'on puisse lui opposer aucune prescription, etc. » En d'autres termes, il règle l'exercice de l'action en révocation sans rien ajouter de plus.

Mais les droits que nous avons reconnus aux créanciers dans l'exercice de l'action en nullité viennent modifier cette solution. Sous ce rapport, il faut faire une distinction : si l'aliénation émanait de la femme, les créanciers du mari doivent subir la collocation, car l'aliénation est pour eux *res inter alios acta*. Au contraire, lorsque c'est le mari qui a vendu, ses créanciers hypothécaires, primés par la femme, ont un moyen bien simple de faire effacer la collocation : c'est d'invoquer la nullité absolue de l'aliénation. La femme n'a pas à se plaindre, car si l'immeuble qui lui revient a été dégradé par l'acquéreur, elle se fera indemniser par l'action hypothécaire. Nous concilions ainsi le droit de la femme et le droit des créanciers.

On objecte qu'en permettant la collocation de la femme, nous ne faisons autre chose qu'admettre une ratification de l'aliénation pendant le mariage. Mais il ne s'agit, bien entendu, que d'une collocation provisoire. C'est à la dis-

solution du mariage que la femme fera une option définitive entre le montant de la collocation et l'immeuble à
recouvrer.

II. Le mari et la femme, en intentant l'action en révocation, ne peuvent pas être repoussés par la maxime :
*Quem de evictione tenet actio, eumdem agentem repellit
exceptio.* Le but que se propose la loi doit même faire
admettre que l'acquéreur n'a aucun droit de rétention
pour remboursement du prix, etc.; il doit restituer immédiatement.

Il ne faut pas conclure de là que l'aliénation reste absolument sans effet. Il en était ainsi en droit romain.
Lorsque le mari propriétaire avait vendu l'immeuble dotal, non-seulement il n'y avait pas translation de propriété, mais le contrat lui-même était comme non existant. Il s'ensuivait que les obligations qu'il aurait en-
gendrées n'avaient aucune sanction, et, par exemple,
l'acheteur de bonne foi ne pouvait pas intenter l'action
empti contre le mari pour le faire condamner à des dommages-intérêts. Tout au plus, lorsqu'il avait payé le
prix, lui donnait-on la *condictio indebiti* pour le répéter.
Le Code Napoléon, pas plus que notre ancien droit, n'a
consacré ces résultats trop rigoureux. La vente du fonds
dotal existe au moins comme contrat, et, par suite, elle
peut produire certains effets.

Ainsi l'aliénation du fonds dotal peut donner lieu à
garantie soit de la part de la femme, soit de la part du
mari ou d'un tiers.

1° L'aliénation peut être garantie par un tiers; en d'autres termes, elle peut servir de base à un cautionnement.
Cela est vrai, sans distinguer si la vente émane du mari

ou de la femme. Quelques personnes distinguent. Si la vente émane du mari seul, l'acte est nul d'après l'article 1599; donc le cautionnement est impossible. Au contraire, dans tous les autres cas, l'acte étant simplement rescindable, on peut admettre le cautionnement.

Cette distinction n'est pas fondée sur les principes. En effet, lorsque le mari a vendu seul le fonds dotal à un tiers de bonne foi, sans doute l'aliénation est nulle; mais, malgré cela, elle est la cause d'une créance conditionnelle en dommages-intérêts qui peut être cautionnée. Ce qui est absolument nul, c'est le transport de propriété. Au contraire, la créance accessoire en dommages-intérêts est parfaitement existante, et peut, par suite, donner lieu à un cautionnement. Reste, comme condition de la validité du cautionnement, la nécessité de la bonne foi de la part du tiers acquéreur. L'art. 1560 présume cette bonne foi par cela seul que le mari n'a pas déclaré la dotalité du fonds. On a voulu trancher par là les procès sur la bonne foi de l'acquéreur. Cependant, il ne faut pas pousser cela trop loin; par exemple, si un parent de la femme qui a signé un contrat de mariage, achète ensuite du mari l'immeuble dotal, il est évidemment de mauvaise foi. Dans ce cas, et lorsque le mari a déclaré la dotalité de l'immeuble, le cautionnement est impossible. La loi a voulu que le mari puisse évincer le tiers acquéreur, sans garantie, dans l'intérêt de la femme. La maxime : *quem de evictione tenet actio, eumdem agentem repellit exceptio*, reçoit là un double échec, car le mari vendeur peut évincer, et évincer sans avoir rien à payer; il n'est même pas tenu naturellement; le contrat a tout à fait le caractère d'un contrat aléatoire.

Lorsque c'est la femme qui a vendu, la nullité étant seulement relative, il est évident que le cautionnement est possible. On objecte que si la femme fait révoquer l'aliénation, le cautionnement doit s'évanouir, car, par l'effet rétroactif du jugement, c'est comme s'il n'y avait jamais eu d'aliénation; en effet, le droit accessoire suit la condition du droit principal (Cf. 2125). Mais remarquons que nous ne sommes plus dans une situation analogue à celle où un tiers de mauvaise foi achète du mari seul. Dans ce cas, il n'y a pas même une obligation naturelle en la personne du mari. Ici, au contraire, la femme reste obligée naturellement, et c'est le cas d'appliquer par analogie l'art. 2012 : on peut cautionner une obligation qui peut être annulée par une exception personnelle à l'obligé. L'art. 2012 cite comme exemple le cas de minorité. Pothier ne cite aussi que ce cas. C'est que, dans l'ancien droit, la femme non autorisée n'était pas obligée naturellement; son incapacité était considérée comme tenant à l'ordre public, et par suite engendrait une nullité absolue. Aujourd'hui, au contraire, la nullité est relative et ne peut être invoquée que de la part de la femme; vis-à-vis des tiers l'acte est parfaitement valable. Il y a donc là au moins une obligation naturelle qu'un tiers peut cautionner.

2° Lorsque le mari a vendu seul ou lorsqu'il a figuré au contrat pour autoriser sa femme, il est soumis à la garantie. Il y a cependant quelques dérogations au droit commun. Nous avons déjà dit que lorsque le mari vend seul le fonds dotal, il peut se soustraire à la garantie en déclarant la dotalité de l'immeuble. C'est sur la demande du Tribunat que cette restriction fut faite. Le projet soumettait le mari à la garantie, *si le tiers avait ignoré la dotalité du fonds.* Le Tribunat pensa que cette disposition était trop large et donnerait lieu à une foule de procès. Il voulut restreindre la preuve de la mauvaise foi de l'acquéreur, et pour cela, il substitua à la première rédaction celle-ci : *si le mari n'a pas déclaré la dotalité dans le contrat.* Ainsi, s'il n'y a pas cette déclaration, le tiers acquéreur est présumé de bonne foi. Nous avons admis du reste que la mauvaise foi de l'acquéreur peut être établie par certains faits évidents, comme, par exemple, si c'est un parent qui a signé au contrat de mariage. Mais il faut s'arrêter aux faits évidents comme celui là. Il suffit dès lors, pour que l'acquéreur ait droit aux dommages-intérêts, qu'il soit hors de ces cas, quand même le mari prouverait sa mauvaise foi d'une autre manière. En excluant la preuve de la mauvaise foi, le texte de l'art. 1560 emporte nécessairement cette conséquence.

Le mari peut d'ailleurs se lier plus rigoureusement et promettre la garantie, tout en déclarant la dotalité de l'immeuble. Dans tous les cas, que la garantie soit tacite ou expresse, l'obligation du mari ne peut servir au tiers à repousser l'éviction ; le mari agira non comme vendeur, mais comme mandataire légal de sa femme, et son obligation se résoudra en dommages-intérêts.

Quand le mari n'a fait qu'autoriser la femme à aliéner, nous avons déjà dit au paragraphe 2 de la première section, qu'il n'est pas tenu à la garantie ; et nous en avons donné cette raison, que la présomption de l'art. 1450, d'après laquelle le mari est censé avoir touché le prix de la vente, n'est vraie qu'entre époux et non pour les tiers. Nous avons aussi comparé le cas de la vente d'un bien

dotal par la femme autorisée à celui de la vente d'un
paraphernal dans les mêmes conditions; le tiers acquéreur du paraphernal n'aurait pas d'action contre le mari
autorisant; comment est-il possible d'en donner une à
l'acquéreur d'un bien dotal? Quelques auteurs soutiennent qu'il faut traiter différemment ces deux cas. Ils éta-
blissent ce système sur le deuxième alinéa de 1560 : le
mari demeure sujet à des dommages-intérêts s'il n'a pas
déclaré dans le contrat que le bien était dotal. Mais les
termes mêmes de cet article montrent qu'il ne s'agit là que
du mari vendant en son nom, et non du mari autorisant
la vente faite par sa femme. L'article ne fait qu'appliquer la règle ordinaire de la garantie (1603, 1629, 1630)
en y apportant une certaine restriction, et cette règle
s'adresse au vendeur seul. La distinction n'est donc pas
fondée sur le texte. Mais on prétend qu'elle est fondée
au moins en raison. On dit en effet que le mari, en
autorisant la vente du bien dotal, a autorisé une chose
défendue, et qu'il est plus coupable que s'il avait
autorisé la vente d'un paraphernal, vente permise.
Il faut donc le tenir plus sévèrement dans un cas que
dans l'autre. Pour repousser cet argument, il suffit
de remarquer que l'intérêt du tiers évincé est le même
dans les deux cas. Si, d'après les principes, l'éviction
d'un paraphernal n'a pas pu lui donner un recours contre
le mari, il est impossible de lui donner plus de droits
parce qu'il s'agit d'un bien dotal. La faute du mari re-
garde la femme, non le tiers acquéreur. D'ailleurs, puisqu'il s'agit d'éviction, c'est que, dans un cas, le paraphernal n'était pas à la femme, et que, dans l'autre, le
bien était dotal. Mais il n'est pas plus permis au mari

d'autoriser la vente de la chose d'autrui que la vente du fonds dotal. Dans les deux cas il y a faute.

Rien n'empêche du reste que le mari autorisant ne s'engage expressément à garantir la vente. Il sera dans la position d'un tiers qui viendrait servir de caution.

3° Enfin la femme elle-même qui a vendu est-elle soumise à la garantie ? Non, la loi ne parle que de la garantie du mari, jamais de celle de la femme. D'ailleurs, sans cela, le but de l'inaliénabilité serait complétement manqué. Mais peut-elle s'engager expressément à garantir, bien entendu avec l'autorisation du mari ? Nous pensons qu'elle le peut. On objecte que par-là elle se lie et paralyse son action en nullité, qu'elle aura souvent intérêt à ne pas intenter ; la vente va donc se trouver obligatoire d'une façon détournée. Nous répondons que cet argument ne suffit pas pour empêcher la femme de s'obliger valablement sur d'autres biens que les immeubles dotaux, par exemple sur des paraphernaux. La loi veut conserver les immeubles dotaux, voila l'unique objet de l'inaliénabilité ; la nullité qui en est la sanction doit donc être renfermée dans le même objet.

Ajoutons que, dans tous les cas, on ne peut agir en révocation qu'à la charge de rembourser au tiers acquéreur évincé ce dont la femme a profité sur le prix d'aliénation. Il est évident, en effet, que le but de la loi n'est pas de procurer à la femme ou à ses héritiers un bénéfice illégitime, en leur donnant l'action en nullité ; elle a voulu les empêcher de perdre, et pour cela elle remet les choses dans l'état antérieur à l'aliénation ; mais elle ne veut pas qu'ils gagnent en profitant du prix tout en recouvrant l'immeuble. Le principe de l'art. 1312 doit être appliqué à la femme dotale sans difficulté. Par exemple, si la femme a employé le prix à payer ses dettes, ou si elle a acheté des immeubles, elle doit rendre le montant de la dette ou la valeur actuelle de l'immeuble. Si, au contraire, elle a dépensé le prix sans profit pour elle, elle ne doit rien.

III. La vente du fonds dotal peut être ratifiée lorsque femme recouvre sa capacité par la dissolution du mariage. Il faut cependant faire une distinction : lorsque c'est la femme qui a vendu, la vente ne peut être annulée que de la part de la femme, non de la part des tiers. Il suffira donc, pour la rendre valable, que la femme renonce à son action en nullité, lorsqu'elle sera devenue capable (art. 1538). Au contraire, lorsque c'est le mari qui a aliéné, la nullité qui dérive de l'art. 1599 est absolue et peut être invoquée non-seulement par la femme, mais encore par l'acquéreur. Il s'ensuit que la volonté de ratifier de la part de la femme sera sans effet si l'acquéreur ne consent pas à la ratification. A vrai dire, nous ne sommes pas dans un cas de ratification proprement dite; il y a véritablement revente, et, par conséquent, il faut le concours des deux volontés capables.

Cette différence entre les deux cas entraîne des conséquences très-importantes. Par exemple, le tiers acquéreur a consenti une hypothèque sur le fonds pendant que la vente était nulle; après la ratification *lato sensu*, il en consent une autre. S'il tient l'immeuble de la femme, la première hypothèque conservera son rang, parce que la ratification a réagi. S'il a, au contraire, acheté du mari, la deuxième hypothèque consentie après la revente prime

la première, consentie à un moment où il n'était pas propriétaire.

De même, si la femme exécute par erreur la vente qui
émane de son mari, elle n'en reste pas moins propriétaire
et peut revendiquer directement contre l'acheteur. Au
contraire, si elle exécute par erreur la vente qu'elle a
consentie elle-même, la ratification vaut jusqu'à ce que
la femme en ait obtenu la nullité, en prouvant que les
dispositions de l'art. 1338 n'ont pas été observées.

La ratification expresse ou tacite ne peut avoir lieu
qu'après la dissolution du mariage. Cependant la Cour de
Riom, dans un arrêt du 2 avril 1857, a admis avec raison
une ratification faite dans un testament. Il est évident,
en effet, que la femme, capable d'aliéner en cette forme,
peut confirmer de la même façon une aliénation révocable.

IV. Combien de temps dure l'action en nullité ? C'est
ici que nous allons trouver l'application des causes de
suspension exposées dans la première section.

Posons quatre hypothèses distinctes :

1° Le tiers acquéreur tient l'immeuble du mari seul ;

2° Il le tient de la femme autorisée de son mari ;

3° Il le tient de la femme autorisée de justice ;

4° Enfin, il le tient de la femme seule.

1° Aliénation émanée du mari seul.

La vente est nulle à deux titres : pour dotalité de l'immeuble, pour défaut de propriété de la part du mari.
L'acquéreur qui tient l'immeuble *a non domino* a donc
besoin, pour devenir propriétaire, d'une prescription acquisitive par dix à vingt ans, ou par trente ans, selon les
cas (art. 2262, 2265). Il s'ensuit que sa possession doit

avoir tous les caractères énumérés dans l'art. 2229. De plus, elle ne peut avoir pour objet un objet imprescrip- tible acquisitivement, par exemple une servitude discon- tinue ou non apparente, un droit d'usage, une hypo- thèque.

M. Troplong, qui admet la propriété du mari sur la dot, reconnaît pourtant qu'il s'agit ici d'une prescription ac- quisitive (1). C'est peut-être parce qu'il faut acquérir la part de propriété qui reste à la femme; en tout cas, c'est une complication bien inutile.

La prescription est suspendue dans notre hypothèse pendant toute la durée du mariage, parce que l'action de la femme réfléchirait contre le mari (art. 2256-2°). Le mari est, en effet, garant de l'éviction, comme nous l'a- vons dit plus haut. Si toutefois nous nous trouvions dans un cas de non garantie, la suspension de la prescription ne serait plus fondée que sur la dotalité, et par suite elle cesserait à la séparation de biens. Nous avons cité quel- ques exemples de non garantie; par exemple, le mari donne de bonne foi l'immeuble dotal, le tiers évincé n'a pas de recours.

2° Aliénation émanée de la femme autorisée du mari.

Lorsque l'aliénation émane de la femme autorisée du mari, ou des deux époux conjointement, la propriété est réellement transférée, car l'aliénation émane du proprié- taire habilité. Mais la loi a frappé la femme dotale d'une seconde incapacité que l'autorisation maritale ne peut effacer. C'est pour cette seule cause que l'aliénation est rescindable.

(1) *Contrat de mariage*, IV, n° 3583.

Il s'ensuit que le tiers acquéreur, devenu propriétaire, a cependant besoin d'une prescription libératoire contre l'action en nullité. Le caractère de la prescription fait qu'il n'y a plus à parler d'une possession conforme à l'art. 2229. De même, peu importe qu'il s'agisse d'un droit prescriptible ou non, acquisitivement ; le tiers acquéreur prescrira libératoirement contre une servitude discontinue ou non apparente, un droit d'usage, ou une hypothèque.

Le délai de la prescription libératoire est de dix ans ; en effet, l'action en nullité dont il s'agit ici rentre dans l'art. 1304, au moins sous ce rapport.

D'où partent les dix ans ? La jurisprudence dit que c'est de la dissolution du mariage. Nous pensons au contraire avec M. Valette (1) qu'elle part de la séparation de biens. En effet, dans notre hypothèse, la nullité de l'aliénation est fondée uniquement sur la dotalité. Or, il suffit de lire l'art. 1561 pour voir que cette cause de suspension ne persiste que jusqu'à la séparation de biens. Cela s'explique très-raisonnablement, quoique la différence entre l'inaliénabilité et l'imprescriptibilité soit peu logique. En effet, à la séparation de corps, la femme recouvre l'exercice de toutes ses actions ; il est donc raisonnable de faire courir les prescriptions contre elle à partir de cette époque ; on n'a plus à craindre que le mari emploie son influence à l'empêcher d'agir.

A cette doctrine, on fait plusieurs objections.

On soutient d'abord que l'art. 1561 est restreint aux hy-

_____

(1) *Revue de droit français et étranger*, t. 7, p. 241 et sq.

pothèses où un *prædo* s'empare du bien dotal, où bien
où un tiers acquiert de bonne foi le fonds d'un précédent détenteur. Au contraire, l'art. 1560, qui prévoit spécialement notre espèce, dit que la prescription ne peut être
opposée pendant toute la durée du mariage. La réponse est
facile. Le projet soumis au Tribunat était la copie de la
page 192 des Institutions de Serres, dans laquelle cet auteur
raisonnait indépendamment de l'idée de la séparation de
biens. Le Tribunat observe que l'ancien droit a été incom-
plètement reproduit ; en effet, il est constant que nos anciens auteurs, et Serres lui-même (1), appliquaient à l'action en nullité de l'aliénation de l'immeuble dotal la disposition de la loi 30, C., *De jure dot*. L'imprescriptibilité
cessait à la séparation de biens. Le Tribunat demande la
reproduction de cette règle dans la même mesure que
dans l'ancien droit, c'est-à-dire comme devant s'appliquer même à l'action en nullité dans notre hypothèse.
Cette réclamation est admise et produit le deuxième alinéa de l'art. 1561. Comment peut-on, après cela, prétendre que cet article ne pense pas à tous les cas où la
dotalité de l'immeuble est le seul obstacle au cours de la
prescription ?

Non-seulement le Tribunat complétait l'art. 1561, mais
il faisait reconnaître à la femme dans l'art. 1560 le droit
d'intenter l'action en nullité après la séparation de biens.
De la rédaction définitive de l'art. 1560, il ressort ces
deux propositions : Quand il n'y a pas eu séparation de
biens, la femme peut agir après la dissolution du ma-

---

(1) *Inst.*, p. 160 et 556 ; Cf. Roussilhe, *Dot*, nº 433.

riage, sans qu'on puisse lui opposer aucune prescription
jusqu'à cette époque. De même, s'il y a eu séparation de
biens, la femme recouvre le droit d'agir dès ce moment,
et dès ce moment aussi les prescriptions commencent à
courir contre elle. Ainsi, dans les deux cas, la suspension
de la prescription correspond à la suspension de l'exercice de l'action en nullité en la personne de la femme.

Une autre objection consiste à dire que, à tant faire que
d'appliquer l'art. 1304, il faut l'appliquer tout entier.
Cet article ne dit pas seulement que l'action en nullité
ne dure que dix ans; il dit encore que les dix ans ne
courent que du jour où la ratification expresse eût été
possible. Or, dans notre hypothèse la ratification n'est
possible qu'à la dissolution du mariage, puisque l'inaliénabilité persiste jusque-là.—Cet argument n'est pas fondé.
D'abord le Code Napoléon n'assimile pas complétement
la prescription à l'aliénation directe; il n'y a donc pas
de raison d'assimiler la ratification tacite par l'écoulement des dix ans à la ratification expresse. Ensuite
l'art. 1364 n'est pas si absolu qu'on le dit. Il suspend la
prescription jusqu'au jour où le demandeur en nullité
a pu agir, et non jusqu'au jour où il *a pu ratifier*. Il est
vrai que dans les cas cités par l'article ces deux moments
sont confondus; mais quand ils ne le sont pas, comme
dans notre hypothèse, c'est au moment où l'action devient
possible qu'il faut s'attacher. M. Valette compare très-
ingénieusement la nullité de l'aliénation pour vice de dotalité à la rescision pour lésion. Le vendeur ou le copartageant lésé n'a pas pu valablement ratifier immédiatement
après le contrat (art. 887, 1674), et cependant son action
en rescision se prescrit du jour du contrat (art. 1676),

parce que dès ce jour il a pu agir. On peut très-bien assimiler le vice de dotalité à la lésion et, par conséquent, les traiter de la même manière.

La loi elle-même montre bien qu'il faut entendre l'art. 1561 d'une manière absolue. En effet, l'art. 2255, qui pose le principe de l'imprescriptibilité du fonds dotal, renvoie à l'art. 1561, non à l'art. 1560. M. Valette fait remarquer que cette restriction à l'art. 2255 fut aussi probablement ajoutée sur la proposition du Tribunat.

MM. Aubry et Rau, qui admettent le système de la jurisprudence quant à l'action en nullité de la femme, veulent pourtant donner à l'art. 1561 plus de portée que ne lui en accorde la jurisprudence. En conséquence, ils admettent que la séparation de biens fait courir la prescription de trente ans, qui éteint toutes les actions, d'après l'art. 2262. Rien dans la loi ne justifie cette distinction arbitraire.

La jurisprudence se sert souvent d'un autre argument pour fonder sa solution. Elle soutient que l'art. 1561 fût-il général, comme nous le pensons, il faudrait encore suspendre la prescription jusqu'à la fin du mariage, parce que nous sommes dans un cas où l'action de la femme réfléchirait contre le mari. Nous avons déjà, au § 2 de la première section, réfuté l'argument que l'on tire de l'art. 1450. Le mari n'est censé avoir touché le prix de la vente que dans les rapports des époux entre eux; quant aux tiers, cette présomption n'existe pas. Par conséquent, l'acquéreur ne peut pas recourir en garantie contre le mari.

Remarquons en finissant que si le mariage se prolonge assez longtemps après la séparation de biens, il pourra arriver que l'aliénation du fonds dotal devienne inat-

taquable pendant le mariage. Voilà donc une aliénation
validée par la prescription dans un temps où là femme
ne pourrait pas encore la ratifier. Cela montre combien
le Code Napoléon est loin de la règle romaine qui prohi-
bait la prescription au même titre que l'aliénation directe.

3° Aliénation émanée de la femme autorisée de justice.

Il faut supposer que la justice a été trompée sur la
qualité de la femme, qui s'est fait passer pour non dotale, ou sur la qualité de l'immeuble, que la femme a
présenté comme un paraphernal. Ici encore la dotalité
est la seule cause de nullité; par suite, la prescription
libératoire n'est suspendue que jusqu'à la séparation de
biens.

4° Aliénation émanée de la femme seule.

Ici, nous sommes exactement dans les termes de
l'art. 1304. La prescription libératoire de l'action en nullité pour défaut d'autorisation ne court que de la dissolution du mariage.

SECTION III.

Exceptions à l'imprescriptibilité.

La règle de l'imprescriptibilité du fonds dotal ne s'applique pas dans trois cas :

1° Lorsque l'immeuble dotal a été déclaré aliénable
par le contrat de mariage;

2° Lorsque la prescription a commencé avant le mariage ;

3° Après la séparation de biens.

I. Immeuble dotal, aliénable d'après le contrat de mariage.

Nous n'avons pas à étudier en détail les exceptions à l'inaliénabilité. Nous devons nous restreindre aux cas qui rentrent spécialement dans notre matière. Ce sont les cas d'aliénabilité conventionnelle (art. 1557).

Dans les cas d'aliénabilité légale, il n'y a rien de particulier quant à l'imprescriptibilité. Quand l'aliénation a été faite suivant les formes prescrites par les art. 1555, 1556, 1558 et 1559, la propriété est valablement transférée, sans qu'on ait à parler de prescription. Au contraire, quand les formes légales n'ont pas été observées, on se trouve dans un cas d'aliénation prohibée, et par suite les règles ordinaires de l'imprescriptibilité s'appliquent. Il faut en dire autant du cas où, toutes les formes ayant été remplies, le remploi de l'excédant du prix de vente, ou de la soulte due à la femme en cas d'échange, n'a pas été fait. L'acquéreur a donc le plus grand intérêt à surveiller le remploi, pour éviter la possibilité d'une éviction.

L'aliénabilité conventionnelle a son principe dans la liberté des conventions matrimoniales. L'art. 1557 l'autorise formellement. Cet article ne parle que de l'aliénation; mais il faut y comprendre l'hypothèque. Le mot aliénation à un sens assez large pour permettre cette interprétation. D'ailleurs, les art. 1554, C. Nap., et 7, C. com., disent : « les immeubles dotaux ne peuvent être aliénés ou hypothéqués que dans les cas déterminés, etc. » Il y a donc des cas où l'hypothèque est permise. Or, les articles 1555-1558 ne parlent que de l'aliénation. Il faut donc, ou défendre dans tous les cas l'hypothèque, ce qui est absurde, ou la permettre dans tous, ce qui est conforme à l'art. 1554 et 7, C. com.

Les époux peuvent donc stipuler que l'immeuble dotal sera susceptible d'hypothèque. Il faudra d'ailleurs s'attacher aux termes de la convention, et l'interpréter restrictivement, comme on fait pour toutes les exceptions à un principe. Par exemple, si on a parlé spécialement de vente, ou d'échange, ou d'hypothèque, ou de compromis, etc., chacune de ces facultés exclut les autres. Mais lorsque le contrat de mariage est conçu dans les termes de l'art. 1557, et dit : L'aliénation de l'immeuble dotal est permise pendant le mariage, il faut y comprendre l'hypothèque. On objecte que l'hypothèque est bien plus dangereuse que l'aliénation, surtout parce qu'elle conduit la plupart du temps à une vente à vil prix. Ce n'est là qu'une considération très-respectable, mais qui ne tient pas compte du texte de l'art. 1557. L'opinion que nous repoussons conduit logiquement à rejeter même la convention directe d'hypothécabilité. En effet, comment admettre que le mot aliénation ait deux sens différents suivant qu'il est dans la loi ou dans la convention, si d'ailleurs aucune autre clause ne vient modifier la convention d'aliéner d'une manière générale? Nous pouvons aussi invoquer une considération pratique. Les époux expriment au notaire leur volonté de se soustraire à l'inaliénabilité d'une façon absolue. Le notaire recourra naturellement au Code et ne trouvera rien de plus simple que de copier la formule de l'art. 1557.

Lorsque les époux ont inséré une clause d'aliénabilité dans le contrat de mariage, il est évident que l'imprescriptibilité fondée sur la dotalité de l'immeuble n'a plus de raison d'être. Cependant le projet la maintenait malgré la clause. Le Tribunat fit modifier cela avec raison.

Si d'ailleurs l'aliénation n'était permise qu'à certaines conditions, l'imprescriptibilité ne cesserait que lorsque ces conditions seraient remplies. Par exemple, l'immeuble a été stipulé aliénable sous condition de remploi; tant que le remploi n'est pas fait, l'inaliénabilité persiste et l'imprescriptibilité aussi.

II. Prescription commencée avant le mariage.

L'exception à l'imprescriptibilité dans ce cas vient du droit romain (1). Nous avons déjà vu, au § 2 de la 1re section, que le motif de cette exception n'existait plus. La loi française admet les interruptions civiles de la prescription. Elle eût dû traiter la suspension de la prescription pour dotalité comme elle traite celle qui est fondée sur la minorité (art. 2252). Tant qu'une prescription n'est pas accomplie, elle ne peut constituer aucun droit acquis, et par conséquent elle peut être interrompue ou suspendue sans difficulté. L'art. 691 applique cette idée à la possession immémoriale, qui, dans certaines coutumes, faisait acquérir les servitudes discontinues; les prescriptions de ce genre qui couraient à l'époque de la promulgation du Code ont été interrompues par cette promulgation.

Pour que la prescription soit considérée comme ayant commencé avant le mariage, il suffit que le fait de la possession ou du non usage soit antérieur au mariage. Peu importe que la prescription ait été suspendue

____

(1) Loi 16, *De fundo dotali.*

dès son origine par la minorité de la femme, et que cette cause de suspension n'ait cessé que pendant le mariage. C'est ainsi qu'on décidait dans l'ancien droit (1). Sous le Code Napoléon, cette solution résulte suffisamment des principes généraux combinés avec l'art. 1561.

III. Enfin, la prescription cesse d'être suspendue après la séparation de biens, à quelque époque qu'ait commencé la possession.

Nous connaissons déjà toutes les applications de cette règle. Notre ancien droit, et le Code Napoléon après lui, a cru la tenir du droit romain, et elle se rattache à un principe qu'on peut formuler ainsi : L'imprescriptibilité est corrélative non à l'inaliénabilité du fonds dotal, mais à la suspension de l'exercice des actions entre les mains de la femme. La femme recouvrant les actions à la séparation de biens, la prescription court contre elle à partir de cette époque ; ce qui confirme cette idée, c'est que, dans l'ancien droit, les pays qui refusaient à la femme séparée l'action contre les détenteurs du fonds dotal, maintenaient en sa faveur l'imprescriptibilité. Cela avait lieu à Bordeaux, en Normandie et en Auvergne. Au contraire, à Toulouse, la femme séparée avait l'action en révocation, et la prescription courait contre elle (2).

Cette troisième exception à l'imprescriptibilité est d'ailleurs très-raisonnable, quoique mal fondée quant à son origine. En effet, lorsque la femme a l'exercice de ses actions, il est peu à craindre qu'elle laisse prescrire frauduleusement ses immeubles. Au contraire, l'aliéna-

---

(1) Roussilhe, *Dot*, i, n° 436.
(2) Roussilhe, ii, p. 431.

tion directe est toujours défendue; sans quoi la séparation de biens deviendrait une source de fraudes à l'inaliénabilité du fonds dotal.

APPENDICE.

DES MEUBLES DOTAUX.

Nous avons dit au commencement de ce travail que l'imprescriptibilité était inapplicable aux meubles dotaux, même dans l'opinion de ceux qui les déclarent inaliénables. Deux auteurs ont soutenu l'imprescriptibilité, mais seulement pour les créances dotales (1). Enfin M. Mourlon prétend que, si on admet l'inaliénabilité, il faut aller jusqu'à l'imprescriptibilité des meubles corporels eux-mêmes (2).

Pour nous, la dot mobilière est complètement aliénable par la femme, comme propriétaire, et même par le mari, mais seulement dans la mesure de son administration. La jurisprudence décide précisément le contraire : la dot mobilière est inaliénable pour la femme, mais elle est absolument aliénable entre les mains du mari. Elle invoque à l'appui de cette opinion des arguments vagues, tirés de l'ancien droit et de l'historique de la loi. Quant à l'ancien droit, il nous semble qu'il n'a rien à faire dans la question, le Code Napoléon n'étant pas très-

---

(1) Taulier, v, p. 345; Rodière et Pont, ii, p. 606.
(2) iii, p. 162.

favorable au régime dotal. Pour les travaux prépara-
toires, on en tire tout ce qu'on veut, et ces inductions ne
suffisent pas pour renverser l'argument que nous fournit
l'art. 1554.

M. Valette admet l'inaliénabilité de la dot mobilière
pour des raisons plus sérieuses.

Il remarque d'abord que nulle part on ne voit dans le
Code que les dettes de la femme puissent être exécutées
sur la dot. Au contraire, sous les régimes coutumiers, on
s'occupe de l'effet des obligations de la femme (1431,
1487, 1494). C'est donc que la femme dotale ne peut pas
s'obliger sur des biens dotaux sans distinction.

En outre, l'art. 1543 n'est pas une répétition pure et simple de 1395 ; il défend d'augmenter ou de constituer la dot
pendant le mariage. Pourquoi cela ? Sous les régimes
coutumiers, le constituant peut mettre à sa libéralité
telle condition qu'il veut ; par exemple, que le bien soit
propre quand il aurait dû être commun, et réciproque-
ment (art. 1401, 1404). Au contraire, un donateur ou testateur ne pourrait donner ou léguer, sous la condition
qu'il soit dotal, un objet, même mobilier, si le contrat
de mariage veut qu'il soit paraphernal. D'où vient la différence ? C'est que la dot étant inaliénable sans distinction, il serait dangereux pour les tiers et pour l'intérêt
public que l'inaliénabilité pût s'appliquer à des valeurs
advenues pendant le mariage. C'est ce que dit formellement M. Tronchet dans la discussion (1).

Enfin la loi de 1855 sur la transcription, art. 9, dit :

---

(1) Fenet, XIII, p. 595.

Dans les cas où les femmes mariées peuvent céder leur hypothèque ou y renoncer, etc. Il y a donc des cas où elles ne le peuvent pas; c'est lorsque l'hypothèque garantit la restitution de la dot même mobilière.

Ces arguments ne nous paraissent pas irréfutables. Au premier, nous répondons que le régime dotal a été voté à la hâte et à contre-cœur. On s'est borné à poser les principes essentiels, laissant le reste à l'interprétation. Quant à l'art. 1543, il est vrai qu'il est plus rigoureux que l'art. 1395; mais sa rigueur s'appliquerait, quand même la dot aurait été stipulée aliénable par le contrat de mariage. L'argument ne porte donc pas. Enfin l'art. 9 de la loi de 1855 s'entend, dans notre système, de la renonciation à l'hypothèque légale qui garantit la restitution des immeubles dotaux.

Sur ces arguments, M. Valette fonde un système extrêmement ingénieux et qui explique l'existence de 1554. La dot mobilière ou immobilière est inaliénable en bloc; de plus les immeubles individuels sont inaliénables, tandis que les meubles individuels ne le sont pas. Voilà pourquoi l'art. 1554 ne parle que des immeubles, tandis que les articles suivants parlent des biens dotaux en général.

Ce système peut être combattu, ce me semble, de la manière suivante. Il est vrai que M. Tronchet a parlé de l'inaliénabilité de la dot prise en masse, et que personne n'a relevé cette observation. Mais que portait l'art. 138 du projet? « Les immeubles constitués en dot ne sont pas inaliénables; toute stipulation contraire est nulle. » Je suppose que cet article ait été adopté. Pourrait-on admettre qu'il a simplement pour but de prohiber l'inaliénabilité des immeubles individuels, tout en laissant subsister l'inaliénabilité générale de la dot prise en bloc? Evidemment cela est inadmissible. Eh bien! qu'a fait le Conseil d'Etat? Il a tout simplement supprimé la négation de l'article, et il a transformé la phrase ainsi : Les immeubles dotaux ne peuvent être aliénés, etc.

En définitive, rien dans le texte de 1554, ni dans son historique ne nous autorise à supposer qu'il ne s'agit là que d'un cas particulier d'inaliénabilité. Tout montre, au contraire, que la loi a voulu restreindre l'inaliénabilité au cas prévu par l'article.

Dans le système que nous venons de combattre, on arrive aux conséquences consacrées par la jurisprudence, sauf en ce qui touche aux pouvoirs exorbitants du mari. Ainsi :

1° Les meubles individuels peuvent être aliénés par la femme, ou par le mari administrateur ;

2° Mais la femme ne peut pas renoncer à sa créance en reprise, ni la céder. Elle ne peut pas davantage renoncer à l'hypothèque légale qui garantit cette créance ;

3° L'obligation de la femme autorisée du mari ne peut pas être exécutée sur les meubles dotaux, même après la dissolution du mariage, sauf pour les dettes d'administration.

Il est facile de voir que dans ce système on n'a pas à parler d'imprescriptibilité des meubles dotaux; car pour les meubles corporels les tiers peuvent invoquer l'article 2279, et pour les créances, ils peuvent prescrire contre elles libératoirement, l'inalination étant individuelle.

Pour ceux qui iraient jusqu'à l'inaliénabilité des

meubles individuels, l'imprescriptibilité existe quant aux créances dotales, en ce sens que l'acquéreur de la créance ne peut la prescrire acquisitivement, lorsque la translation est faite par le mari. Mais la prescription libératoire est toujours possible pendant le mariage. M. Pont, qui admet cette solution, reconnaît d'ailleurs que, si l'acquéreur de la créance dotale prouve que la femme n'a pas souffert de la translation, il ne pourra être dépouillé. Quant aux meubles corporels, l'imprescriptibilité ne peut jamais être invoquée contre les possesseurs, en vertu de la maxime de l'art. 2279. M. Mourlon considère cela comme une inconséquence; en effet, hors du 2° de l'art. 1561, tout ce qui est inaliénable est imprescriptible par quelque prescription que ce soit. Mais on peut répondre que l'art. 2279 pose un principe d'ordre public auquel on ne peut faire d'exceptions que celles que fait formellement la loi. Au contraire, l'imprescriptibilité, pas plus que l'inaliénabilité, n'est d'ordre public. En outre, la règle : *en fait de meubles possession vaut titre*, s'appliquait dans l'ancien droit aux meubles corporels dotaux; on ne peut pas supposer que le Code Napoléon ait été plus rigoureux que l'ancien droit.

POSITIONS.

—

DROIT ROMAIN.

I. Le fonds dotal que le mari a seulement *in bonis* est aussi bien inaliénable que celui sur lequel il a le *dominium ex jure Quiritium*.

II. Le mari, même sous Justinien, est seul propriétaire des biens dotaux.

III. Il n'y a pas contradiction entre les lois 26, *pr.*, et 46, *De donat. inter vir. et ux.*, et les lois 1, § 2, et 3, *pro donato*.

IV. Il n'y a pas contradiction entre la loi 9, § 1, *De fundo dotali*, et la loi 46, § 1, *De jure dotium*.

V. La défense d'hypothéquer le fonds dotal, *etiam volente uxore*, dérive du sénatus-consulte Velléien.

VI. La loi 30, C., *De jure dot.*, ne rendit pas le fonds dotal prescriptible, à partir du moment où la femme pourrait agir *de dote*.

DROIT CIVIL FRANÇAIS.

I. La réserve, par le contrat de mariage, de la faculté d'aliéner, comprend la réserve de la faculté d'hypothéquer.

II. La femme qui a vendu l'immeuble dotal avec l'autorisation du mari peut, après la séparation de biens, se faire colloquer sur le bien du mari pour le prix de la vente qu'il a touché.

III. Le mari dotal peut intenter l'action en partage.

IV. L'inaliénabilité du fonds dotal est du statut personnel.

V. Lorsque la dotalité de l'immeuble est la seule cause de suspension de la prescription, acquisitive ou libératoire, l'imprescriptibilité ne dure que jusqu'à la séparation de biens.

VI. La dot mobilière est aliénable.

VII. Les sociétés anonymes étrangères peuvent ester en justice en France sans autorisation du gouvernement français.

VIII. L'étranger légalement divorcé dans son pays

peut contracter un nouveau mariage en France, du vivant de son premier conjoint.

DROIT DES GENS.

I. En principe, les délits commis dans un port, sur un navire de commerce , même entre gens de l'équipage, peuvent être connus par les tribunaux du pays auquel appartient le port. C'est l'inverse pour les navires de guerre.

II. La notification générale du blocus n'est pas suffisante pour permettre la saisie d'un navire neutre ; c'est seulement une présomption, qui peut être renversée par la preuve de l'ignorance du blocus.

DROIT CRIMINEL.

I. Une personne acquittée en Cour d'assises ne peut être poursuivie, à raison du même fait, en police correctionnelle.

II. Toutes les causes d'aggravation ou d'excuse, affectant la criminalité même du fait, étendent leur influence sur le complice, sauf l'application de l'art. 463, C. p.

HISTOIRE DU DROIT.

I. A l'époque franque, la personnalité des lois ne signifle pas que chacun pût choisir la loi suivant laquélle il voulait étre jugé.

II. Les Etablissements de saint Louis ne sont pas un monument législatif, mais l'œuvre d'un praticien.

Vu :

Le Président de la Thèse,
OUDOT.

Vu :

Le Doyen de la Faculté,
C.-A. PELLAT.

Permis d'imprimer :

Le Vice-Recteur de l'Académie,
ARTAUD.

www.ingramcontent.com/pod-product-compliance
Lightning Source LLC
Chambersburg PA
CBHW071908200326
41519CB00016B/4535